教育部人文社会科学研究青年基金项目《"全面二孩"政策下我国超大城市学前教育需求分析》（课题批准号：16YJC880065）研究成果

| 光明社科文库 |

生育新政背景下
我国超大城市学前教育需求分析

沙莉　魏星　梁宏◎著

光明日报出版社

图书在版编目（CIP）数据

生育新政背景下我国超大城市学前教育需求分析 /
沙莉，魏星，梁宏著. --北京：光明日报出版社，
2023.10

ISBN 978 - 7 - 5194 - 7511 - 6

Ⅰ.①生… Ⅱ.①沙… ②魏… ③梁… Ⅲ.①特大城
市—学前教育—供求关系—研究—中国 Ⅳ.①G619.2

中国国家版本馆 CIP 数据核字（2023）第 185277 号

生育新政背景下我国超大城市学前教育需求分析
SHENGYU XINZHENG BEIJING XIA WOGUO CHAODA CHENGSHI XUEQIAN
JIAOYU XUQIU FENXI

著　者：沙莉　魏星　梁宏

责任编辑：李月娥 　　　　　　　责任校对：鲍鹏飞　龚彩虹
封面设计：中联华文 　　　　　　责任印制：曹　净

出版发行：光明日报出版社
地　　址：北京市西城区永安路 106 号，100050
电　　话：010 - 63169890（咨询），010 - 63131930（邮购）
传　　真：010 - 63131930
网　　址：http://book.gmw.cn
E - mail：gmrbcbs@gmw.cn
法律顾问：北京市兰台律师事务所龚柳方律师

印　　刷：三河市华东印刷有限公司
装　　订：三河市华东印刷有限公司

本书如有破损、缺页、装订错误，请与本社联系调换，电话：010-63131930

开　　本：170mm×240mm
字　　数：147 千字　　　　　　　印　　张：10
版　　次：2024 年 1 月第 1 版　　 印　　次：2024 年 1 月第 1 次印刷
书　　号：ISBN 978 - 7 - 5194 - 7511 - 6
定　　价：85.00 元

目　录
CONTENTS

第一章

研究缘起

人口变动是教育发展的重要变量，人口规模不仅决定了一个国家和地区教育事业发展的可能规模，也决定了一个国家或地区教育事业发展应有的速度。近几年，我国生育政策由"限制性""紧缩性"向"包容性""宽松性"转变，生育政策的宽松化对我国学前教育发展产生了深远的影响，对我国未来的托幼公共服务提出了新要求。由此，学前教育资源配置问题不仅是我国托幼公共服务与高质量教育体系建设的重要政策目标，还是服务于人口发展战略的关键配套措施，更是直接关系到改善民生等重大战略问题。

一、研究背景

（一）人口变动是影响教育发展的重要变量

狭义上的人口变动指由于出生、死亡、迁移等人口核心事件引起的人口规模的增减以及人口性别年龄结构的变化。广义上的人口变动指除了上述直接影响因素以外，人口受社会、经济等各方面因素影响，随着时间的推移而发生的变动①，它还包括人口社会、经济属性变动以及人

---

① 宋健. 人口统计学 [M]. 北京：中国人民大学出版社，2019：44.

口质量变动等方面，如人口社会经济属性变动包括人口行业、职业、城乡分布等方面的构成变化。人口质量主要指人口的身体、道德、科学等方面的素质。[1] 狭义人口变动和广义人口变动是相互影响、相互制约的。人口数量、性别年龄结构变动和人口质量相互影响，是推动教育事业发展的基本动力之一。一方面，人口规模决定了一个国家或地区教育事业发展的可能规模；另一方面，人口增长的速度决定了一个国家或地区教育事业发展应有的速度。国家各级各类学校的数量、师资规模、教育经费额度等均要依据适龄人口数量来确定。因而人口变动对一个国家或地区的教育发展有着最为直接和最为基本的影响，是影响教育发展的重要变量。

（二）我国生育政策由"限制性"向"包容性"转变

人口政策是一个国家社会经济政策体系中的重要组成部分，它在人口再生产、经济发展、社会进步、资源合理利用、生态环境良性循环中起着重要作用，因而每个国家都力求制定一个符合本国实际的、反映客观规律要求的科学的人口政策。广义的人口政策范围十分宽泛，除了婚姻家庭政策、生育政策、优生政策外，还包括国内人口迁移（流动）政策、国际人口迁移政策、人口分布政策、劳动就业政策、民族人口政策等；狭义的人口政策则以人口生育政策为核心。[2] 关于我国生育政策演变的主要阶段划分以及对不同阶段核心特征的理解，虽然国内学者持有不同观点，但对政策整体走势的判断基本一致，即逐渐由"紧缩性""限制性"生育政策转向"宽松性""包容性"生育政策。例如，有学者指出，中华人民共和国成立七十多年以来，中国人口发展一直面临着不同程度和不同形式的挑战，无论是在人口过快增长背景下提出控制生育的政策，还是在少子老龄化形势下逐渐放松生育限制，生育政策都在

---

① 和学新. 应对我国人口变动的教育政策研究 [M]. 北京：中国社会科学出版社，2019：1.

② 张纯元. 中国人口生育政策的演变历程 [J]. 市场与人口分析，2000（1）：47-54.

不断寻求更新与突破，"经历着从约束走向包容的重大转型"①。在控制人口增长的目标达成以后，为改变或降低人口结构性矛盾的程度，"调整和实行适当宽松的生育政策也就成为必然"，国家开始了有限限制生育的"全面二孩"政策，这是国家"生育政策的延续与完善"，也是人口长期均衡发展的需要。②

我国生育政策的制定有来自思想理论、基本国情与社会心理等多方面的依据。有学者提出我国人口生育政策的制定依据主要有三个方面：首先，马克思主义人口理论和毛泽东、邓小平人口思想是我国制定人口生育政策的思想理论依据；其次，我国人口、经济、社会、资源、环境的现状及其交互作用后可持续发展的需要是制定我国人口生育政策的客观国情依据；再次，绝大多数人的生育观念定势及其可塑性是制定我国人口生育政策的社会心理依据。③ 具体而言，当前我国生育政策由"限制性"向"包容性"转变的动因主要来自以下几个方面：首先是社会发展的影响。一方面，新中国成立初期，女性受教育水平普遍偏低，这种低教育状态很大程度上影响了妇女的生育思想观念，生育发展呈人口数量急剧增加且男孩多于女孩的特点。基于此，政府出台了一系列保护妇女权益的法律法规。伴随着妇女思想解放和女性受教育水平的提高，女性对于生育的选择也有了独立性和自主性，特别是在新时代，很多女性为追求事业发展选择晚婚。另一方面，子女的养育涉及家庭经济水平等一系列社会保障问题。新中国成立后，社会保障体系建设主要在城市，2008 年后，新农合的全覆盖使得农村的社会保障体系也得以发展。社会保障体系的日益完善对生育意愿的影响也变得更加复杂，因为社会保障对生育子女的经济功能有一定的替代作用，当父母不再面临养老压

---

① 宋健. 从约束走向包容：中国生育政策转型研究 [J]. 华中科技大学学报，2021，35（3）：86-106.

② 原新. 我国生育政策演进与人口均衡发展：从独生子女政策到全面二孩政策的思考 [J]. 人口学刊，2016，38（5）：5-14.

③ 张纯元. 中国人口生育政策的演变历程 [J]. 市场与人口分析，2000（1）：47-54.

力，其生育行为也会随之下降。其次是经济水平的制约。随着经济水平的提升和劳动市场的优化，现代生产方式对劳动力提出了新的要求，劳动力市场充满了竞争，人们更加倾向于提升生育水平并提高子女的质量，从而适应社会发展。在我国，教育成本仍由家庭承担，养育成本的提高很大程度上制约了家庭的生育意愿。最后是新型生育文化的渗透。生育是建立在一定的经济、社会条件之上的，生育文化包括生育科学文化和生育观念文化。在生育科学方面，随着生育科学技术的发展，人们的节育避孕方式更加科学。在生育观念方面，人们的生育观出现了以下变化：具有个人倾向主义、重质不重量且"生男生女都一样"的性别偏好。这些均对人们的生育意愿产生了影响。①

包容性意味着生育政策还存在调整完善的弹性空间，有学者提出可从政策的延续性、方式的灵活性和措施的多样性三方面理解增强生育政策的包容性。② 首先，增强生育政策的包容性，要包容性理解生育政策自身在不同历史时期为当时阶段性目标所采取的相应策略和措施。因为任何政策措施都具有历史局限性，刻着当时社会经济和人口条件的烙印，反映了当时人们对客观实践的认识，需要用辩证唯物主义的科学世界观进行理解。无论政策如何改革和转型，在本质上生育政策具有延续性，既不能全盘否定以往的政策历程，又不能因循守旧、故步自封，要区分政策总目标与阶段性具体目标，区分政策基本理念和时期社会观念，从变化中探寻不变的规律和原则。其次，增强生育政策的包容性，就是要充分考虑生育主体的差异性内涵和多样化需求，放松约束性，增强灵活性，保护育龄人群的生育能力和生育权利，清理不适宜的旧条款、老章程，尽可能减少行政干预，通过社会经济和人口发展规律因势利导，精准施策。再次，生育政策能否取得预期效果重在实施环节，而

---

① 洪秀敏，马群，朱文婷. 全面二孩人口新政后的学前教育政策应对研究：以北京市为例 [M]. 北京：北京师范大学出版社，2018：5.

② 宋健. 从约束走向包容：中国生育政策转型研究 [J]. 华中科技大学学报，2021，35（3）：86–106.

政策有效实施的关键除了领导重视、机制保障外，还需要对症下药。增强生育政策的包容性，就是要从历史和国际上寻求经验，兼收并蓄，博采众长，选择性地借鉴吸收，形成多样化的政策措施，以实现问题的标本兼治。

（三）生育政策宽松化对学前教育发展产生深远影响

生育政策宽松化是在我国少子老龄化形势下应对人口结构性矛盾的政策措施，也是我国既往生育政策的延续与完善，更是促进我国人口长期均衡发展及实现国民经济与社会发展目标的重要举措。生育政策宽松化也为我国学前教育发展带来深远影响，对未来我国托幼公共服务提出了新要求。由此，学前教育资源配置问题不仅是当前我国托幼公共服务与高质量教育体系建设的重要政策目标，而且是服务于人口发展战略、推动"全面二孩"政策落实、建设"生育友好型社会"的关键配套措施，更是直接关系到民生改善、公共服务体系完善、社会公平与和谐的重大战略问题。

当前我国生育水平低迷的主要原因是育龄人群的生育意愿不高，以及生育意愿未能满足，生育意愿与生育行为之间存在差距。[①] 多项调查显示，婴幼儿照护资源紧张、养育负担太重是抑制生育意愿的重要因素。为此，根据人口变动趋势，摸清学前教育需求的实际情况，根据实际需求合理配置学前教育资源，发展学前教育公共服务体系，根据需求规划与发展普惠性学前教育公共服务，就成为推动生育政策和经济社会政策配套衔接，减轻家庭生育、养育、教育负担，促进国家人口发展战略实施，改善民生，促进社会公平与和谐发展的重要课题与政策规划重点。

---

① 宋健. 从约束走向包容：中国生育政策转型研究 [J]. 华中科技大学学报，2021，35（3）：86-106.

（四）超大城市学前教育需求变化受生育政策影响更为显著

近年来，我国人口政策的调整对包括学前教育在内的各级各类教育事业发展与政策规划均产生了不同程度的短期与中长期影响，出生人口变动最快最直接地牵动着学前教育需求规模及其资源供给的变化趋势。从全国整体情况来看，近年来我国人口政策的调整在短期内对于刺激生育发挥了一定效果，但就长远来看其效应有限。2015 年 12 月 27 日，全国人大常委会表决通过了《人口与计划生育法》（修正案），2016 年 1月 1 日起"全面二孩"政策正式实施，[1] 该政策短期内有效刺激了生育，全国人口出生率由 2015 年的 12.07‰[2]升至 2016 年的 12.95‰，[3] 2017 年仍保持这一势头，全国出生人口 1723 万人，出生率为 12.43‰，[4] 但这种刺激效果较为短暂，2018 年我国出生率回落至10.94‰，当年出生人口 1523 万人，[5] 出生人口数量与出生率均已恢复至"全面二孩"政策实施前的水平，甚至低于"十二五"初期水平（2011 年我国出生人口 1604 万人，出生率 11.93‰[6]）。与此同时，有专家研究提出，由于我国此前城乡有别的生育政策，[7] 以及家庭经济条

---

[1] 全国人大常委会. 中华人民共和国人口与计划生育法（修正案）[EB/OL]. (2015-12-27) [2020-01-10]. http://www.npc.gov.cn/wxzl/gongbao.

[2] 国家统计局. 中国 2015 年国民经济和社会发展统计公报 [R]. (2016-03-02) [2020-01-08]. http://www.tjcn.org/tjgb/00zg/30834.html.

[3] 国家统计局. 中国 2016 年国民经济和社会发展统计公报 [R]. (2017-03-06) [2020-01-08]. http://www.tjcn.org/tjgb/00zg/30830.html.

[4] 国家统计局. 中国 2017 年国民经济和社会发展统计公报 [R]. (2018-02-28) [2020-01-08]. http://www.tjcn.org/tjgb/00zg/35328.html.

[5] 国家统计局. 中国 2018 年国民经济和社会发展统计公报 [R]. (2019-03-10) [2020-01-08]. http://www.tjcn.org/tjgb/00zg/35758.html.

[6] 国家统计局. 中国 2011 年国民经济和社会发展统计公报 [R]. (2012-02-22) [2020-01-08]. http://www.tjcn.org/tjgb/00zg/23540.html.

[7] 郑益乐. "全面二孩"政策对我国学前教育资源供给的影响及建议：兼论我国学前教育资源供给的现状与前景展望 [J]. 教育科学，2016 (6)：83-89.

件、父母文化水平等对生育行为的影响，① 特别是个体社会经济特征对生育水平发挥了主导性影响，② "全面二孩"政策对城市的影响显著大于农村，③ 生育政策调整对非农户口妇女生育的影响更为明显④，即"全面二孩"政策对大城市的生育刺激效果更明显，由此带来的学龄前适龄儿童规模变化也更为显著。

北京、上海、广州三市作为我国超大城市的典型代表，在全国范围生育政策宽松化背景下，未来一段时期其学龄前人口规模呈现怎样的变化趋势？相应地对园所规模、幼教师资配备、学前教育经费投入等提出怎样的需求？其中长期学前教育需求呈现怎样的特点与趋势？对上述问题的科学测算，不仅可以为上述三个超大城市学前教育资源供给的合理规划与配备，以及相关政策措施的制定提供科学依据，还将为我国其他地区特别是其他超大城市、大城市的学前教育需求预测及政策规划提供重要参考。

二、已有研究基础与述评

（一）学前教育资源配置的内涵与相关理论

1. 资源配置及教育资源配置的内涵

《辞海》中"资源"一词的含义为"生产资料或生活资料的来

① 白鸽，王胜难，戴瑞明，等. 全面二孩政策下上海市居民生育意愿调查 [J]. 医学与社会，2018 (11)：53-55.
② 张莹莹. 全面二孩政策对中国生育水平的影响：基于多项 Logistic 模型的探讨 [J]. 西北人口，2018 (3)：34-43.
③ 郑益乐. "全面二孩"政策对我国学前教育资源供给的影响及建议：兼论我国学前教育资源供给的现状与前景展望 [J]. 教育科学，2016 (6)：83-89.
④ 唐一鹏. 我国特大城市基础教育规模变动及其趋势预测：以北京、上海为例 [J]. 上海教育科研，2018 (3)：10-14，19.

源"。① 在顾明远主编的《教育大辞典》中，"教育资源"称为"教育经济条件"，指的是教育过程中所占用、使用和消耗的人力、物力和财力资源的总和，人力资源包括教育者和受教育者的人力资源，即在校生数、班级数、教学人员数等；物力资源包括学校中的共用、数学和科学研究用及其他一般设备固定资产、文具及工具等材料和价值易耗物品；财力资源分为人员和公用消费部分，人员消费部分含工资、奖学金等，公用消费部分含科研费用、设备置购费等。另外，教育资源还包括教育的历史经验或有关教育的信息资料。② 王嵘基于三种教育资源的代表性概念，提出"教育资源"是具有教育意义或能够保证教育实践进行的各种条件，包括人、财、物等物质因素，以及保证这些因素发挥作用的政策、制度等条件，并且教育资源是一个动态的、相互联系和作用的有机整体。③

"资源配置"在《辞海》中的含义为"资源在各种用途上和在各部门、各地区及再生产各个环节上的分布和安排，并且资源包括自然资源、经济资源和人力资源，因自然资源是天然形成的，所以资源配置主要指现有的经济资源和人力资源的配置"。④《教育大辞典》基于"教育资源"的概念将"教育资源配置"称为"教育资源结构"，解释为"投入教育领域的人力、物力、财力资源的各种比例关系"。⑤ 王善迈认为"教育资源配置"是指教育资源在教育系统内部分配和使用的过程。⑥

2. 教育资源配置的对象

教育资源配置包括教育资源在不同类别、级别教育事业中的配置；

---

① 辞海编辑委员会. 辞海：第6版 [M]. 上海：上海辞书出版社，2009.
② 顾明远主编. 教育大辞典（1）[M]. 上海：上海教育出版社，1991.
③ 王嵘. 贫困地区教育资源的开发利用 [J]. 教育研究，2001（9）：39-44.
④ 辞海编辑委员会. 辞海：第6版 [M]. 上海：上海辞书出版社，2009.
⑤ 顾明远主编. 教育大辞典（1）[M]. 上海：上海教育出版社，1991.
⑥ 王善迈，崔玉平. 教育资源优化配置：中国教育改革与发展中的经济学课题——王善迈教授专访 [J]. 苏州大学学报（教育科学版），2014，2（4）：67-72，127-128.

教育资源在同类或同级教育事业中各学校之间的配置；教育资源在一个教育机构内部有效率地开发利用；教育资源在不同区域、不同群体之间、产权性质不同的学校之间的配置。① 有学者认为教育资源配置应从人力、财力及物力资源三方面入手，一是最重要的教育资源，即教育的人力资源，其包括教师和学生两个重要群体，如提高乡村教师的福利待遇；二是财力资源，也是经费的投入问题，如西部各级政府对义务教育投入的分担机制应该由"以县为主"改为"以省为主"；三是物力资源，其是保障教育发展的物质基础，如缩小农村与城市学校的物力资源差距直至最终消除。②

3. 学前教育资源配置的内涵与对象

大多学者基于教育资源以及教育资源配置的内涵，定义学前教育资源和学前教育资源配置的内涵。有学者认为学前教育资源配置是指在学前教育过程中所占用和消耗的人力、物力和财力资源的数量有限的情况下，如何将有限的资源在教育系统内部各组成部分或不同子系统之间进行分配，使得投入的教育资源得到有效使用。③ 也有学者认为学前教育资源配置是除了财力资源、人力资源、物力资源等原始形态教育资源外，还有产出状态的教育资源——"幼儿园"在不同教育区域之间的分配状态。④ 另外，还有学者认为学前教育资源配置是指在特定的时空格局中，基于特定区域支持学前教育发展的经济社会的供给条件，以学前教育子资源发展水平中的配置状态及资源水平要素为核心，在时空序列普及格局下，进行与学前教育相关的人力资源、物力资源、财力资源

① 王善迈，崔玉平. 教育资源优化配置：中国教育改革与发展中的经济学课题——王善迈教授专访 [J]. 苏州大学学报（教育科学版），2014，2（4）：67-72，127-128.
② 冯文全. 对基础教育资源均衡配置的思考 [J]. 教育科学论坛，2007（6）：76-77.
③ 孙绪华. 江苏省学前教育资源配置失衡现状及对策研究 [D]. 南京：南京师范大学，2013.
④ 岳梦雅. 透过区域教育资源配置审视学前教育公平问题 [D]. 上海：华东师范大学，2015.

在各级区内、区际的配置流动的动态过程。①

学前教育资源配置多集中在人力、物力、财力资源的配置上。卢长娥等人将经费投入、师资力量及办学规模作为分析安徽省学前教育资源地区间配置差异的一级分析指标;② 孙绪华为了便于对学前教育资源进行量化,将有职称教师占比、学前教师年平均工资等作为衡量学前教育资源配置情况的指标;③ 郑楚楚等人为考察上海 16 个区公办学前教育资源配置情况,将公办幼儿园班级数、公办幼儿园数量与等级、公办幼儿园服务压力等进行城乡分析,探寻公办幼儿园地理位置分布规律,以揭示上海市公办学前教育资源配置的空间特征;④ 陈岳堂等人将生均经费支出、专任教师中具备专科以上学历比例、生均校舍面积、毕业幼儿数以及小学招生人数中受过学前教育人数的比例作为学前教育资源配置评价体系。⑤

(二) 学前教育需求及供需矛盾分析

1. 需求的内涵

从不同的学科角度进行分析,"需求"的含义有所不同。心理学中的"需求"与需要和动机密切相关。需求是当人体处于不平衡状态时,对维持生命发展的需要的反应,这是由个体的某种匮乏状态(生理或心理的缺乏)引起的。当这种匮乏状态破坏了个体的生理或心理平衡,必须加以调整时,个体就会感觉到需求的存在,即需求产生动机,动机

---

① 谷峥霖.云南学前教育资源配置的空间协调性研究 [D].昆明:云南师范大学,2021.

② 卢长娥,王勇.安徽省学前教育资源地区间配置差异分析 [J].陕西学前师范学院学报,2018,34 (10):98-103.

③ 孙绪华.江苏省学前教育资源配置失衡现状及对策研究 [D].南京:南京师范大学,2013.

④ 郑楚楚,姜勇,王洁,等.公办学前教育资源区域配置的空间特征与均衡程度分析 [J].学前教育研究,2017 (2):17-26.

⑤ 陈岳堂,陈慧玲.基于 Dea-Tobit 模型的我国学前教育资源配置效率研究 [J].现代教育管理,2018 (5):47-53.

产生行为。① 因此，需求表现为一个有机体生存和发展对客观条件的依赖。它通常在主观上以一种缺乏感的形式被人们体验着，是人类行为的起点，是有机体活动的热情源泉。② 从心理学的角度对需求的探索是以人的主观欲望为基础的，强调影响需求的内在因素。当个体的生理或心理处于匮乏状态时，个体就会有被满足的需要和渴望。因此，在心理学中对"需求"研究的重点集中在"意愿"上。③

经济学中"需求"的内涵与心理学意义上的"需求"概念不同。经济学中的"需求"指家庭或厂商在一定价格上所选择购买的物品或劳务的数量。④ 古典经济学研究认为需求就是欲望，是人类对物品无止境的、不受任何限制和约束的欲望。凯恩斯主义经济学研究关注有效需求，即将现期全部产量都能买走的购买力。马克思主义经济学研究认为需求是有支付能力的需求。⑤ 也有学者认为，在经济学中，人们对商品或服务的需求或需要分为"要求"（want）、"需要"（need）和"需求"（demand）三个层次。其中，"要求"的层次最低，是最直接的需求，通常都有比较明确的需求指向；"需要"的层次稍高，是通过获得特定指向物品或事物才能得到满足的需求；"需求"的层次最高，是一种潜在的需求。⑥ 马克思对于"需要"的理解包括以下几点：其一，"需要"体现的是以消费使用价值为目的的生产活动；其二，"需要"是一个历史范畴，生产力发展水平不同，人们需要满足的层次和内容也

① 张春兴. 现代心理学 ［M］. 上海：上海人民出版社，1994：5.
② 李兴仁，闵卫国. 心理学 ［M］. 昆明：云南人民出版社，2002：8.
③ 张意忠. 城乡家庭高等教育需求差异及其有效供给 ［M］. 北京：科学出版社，2017：11.
④ 张意忠. 城乡家庭高等教育需求差异及其有效供给 ［M］. 北京：科学出版社，2017：11.
⑤ 钱智勇，薛加奇. 关于生产和需求关系的经济学演进研究：基于对新时代社会主要矛盾的经济学阐释 ［J］. 吉林大学社会科学学报，2018，58（3）：78-86，205.
⑥ 马永霞. 高等教育供求主体利益冲突与整合 ［D］. 武汉：华中师范大学，2005.

不同；其三，"需要"是一个阶级范畴。① 因此，"需要"反映的是个体的心理水平，是当人们感到缺乏某些基本满足物时出现的一种紧张或不平衡的心理状态。而"需求"则是一种抽象的概念，在经济学意义上，它与供给构成矛盾体，成为人类需求的普遍存在，其界定必须满足两个条件：一是消费者有购买意愿；二是消费者有购买能力或支付能力，两者缺一不可。满足第一个条件只是表明消费者有需要，这是需求的前提和基础。需要通过转化为需求从而得到满足，这种转化需要消费者具有支付能力，缺乏支付能力的需要是无法实现的，只能停留在意愿状态。② 也有学者将需求分为个人需求和市场需求，个人需求表示一个人在某一特定时间内，在各种可能的价格下，愿意并且能够购买的某种商品的相应数量。市场需求表示在某一特定市场和某一特定时期内，所有购买者在各种可能的价格下将购买的某种商品的总数量，是个人需求的加总。③

2. 教育需求的内涵

《教育大辞典》中对"教育需求"的概念界定从社会、个人及家庭的不同主体角度展开：首先，对于社会而言，指在一定时期内国民经济各部门以及社会各方面对各类专门人才和受过一定教育的劳动者的数量、质量和结构等方面的要求，并且由一定社会的科技和经济发展的水平、规模和速度决定，反映社会经济发展对人才培养的客观需要，是制订教育发展计划的依据；其次，对于个人和家庭而言，指个人和家庭为满足某种精神和物质需要对接受各级各类教育的要求，且受个人精神充实的欲望、就业与收入的选择、家庭经济条件和子女未来的期望等因素的影响。另外从宏观来看，还受到人口增长、人口结构变化和人口流动

---

① 刘凤义，刘子嘉. 政治经济学视域下"需要"与"需求"的关系研究 [J]. 南开经济研究，2021（1）：13-25.
② 贺能坤. 中小学生教育需求指标体系研究：基于西藏农牧区的调查与思考 [J]. 民族教育研究，2012，23（4）：9-12.
③ 厉以宁，章铮. 西方经济学 [M]. 北京：高等教育出版社，2005：8.

的影响；且教育需求是制约教育供给的一个重要方面，与教育供给相对。[①] 有学者认为，教育需求指在特定的社会历史和资源条件下，个人、政府和社会对教育产品有支付能力的需求，从宏观层面来看，主要集中在教育的产品属性、教育资源的配置方式及公平与效率的选择等问题上。[②] 也有学者提出"教育需求"存在四个基本点：第一，是对教育的需要；第二，这种需要是限定在主体支付的范围内的；第三，不同的主体对于这种需要有不同的内涵，国家和个人在需求上存在着不同；第四，这种需要是随着时代的发展而变化的。[③] 还有学者依据聚焦于高等教育阶段对教育需求进行分类。该学者认为高等教育需求按照不同的分类方法有不同的类别，首先是按照需求主体分类，可将高等教育的需求分为个人高等教育需求和社会高等教育需求；其次是按照需求与供给的关系分类，可将高等教育需求分为有效高等教育需求、无效高等教育需求和高等教育需求不足，有效需求是供需均衡时的需求，无效需求是需求大于供给时的需求，需求不足是需求小于供给时的需求；再次是按照需求的形式分类，可分为高等教育机会需求和产品需求，教育机会需求的主体是大学生，教育产品需求的主体是社会；最后根据需求层次分类，可分为直接需求和间接需求。[④]

3. 家庭学前教育需求

许多学者对家庭保教需求进行了调查，其中既包含托育需求也包含托幼需求。黄娟娟采用问卷调查法对上海市 0~3 岁婴幼儿家长的育儿现状及需求进行了调查，结果显示，婴幼儿在家里带养的现状占比为 85.3%，送进集体性托育机构的现状占比为 14.3%，并且孩子的年龄越小，在家里带养的比例越高，而在需求方面，随着孩子月龄的增长，家

---

① 顾明远. 教育大辞典：第六卷［M］. 上海：上海教育出版社，1992.

② 宋光辉，彭伟辉. 义务教育阶段择校制度优化：基于教育需求视角的分析［J］. 经济体制改革，2016（1）：183-187.

③ 秦金亮. 基于证据的学前教育需求与质量研究［M］. 北京：北京师范大学出版社，2018.

④ 张意忠. 城乡家庭高等教育需求差异及其有效供给［M］. 北京：科学出版社，2017.

长想将孩子送到集体性托育机构的愿望越强烈，并且越靠近中心城区的家长，愿望越强烈①；华诗涵等人通过文献法、问卷法调查 0~3 岁婴幼儿家长的入托需求，家长总体上认为有必要让孩子入托，其中 59.1% 的家长认为有必要，7.2% 的家长认为非常有必要，并且 69.7% 的家长在选择托育机构时最看重的是机构的教育质量；② 高孝品采用问卷法等方法对浙江省的七个市的学前教育需求进行了调查，结果显示，家长学前教育需求总需求度均值为 4.19，满分为 5 分，并且家长更加关注幼儿园教师所提供的保教质量和幼儿在园的学习内容。③

4. 学前教育需求规模预测及供需矛盾分析

除了从微观角度调查学前教育需求外，还有一些研究从宏观角度出发，预测了我国未来学前教育需求的发展，调查分析了我国或地区的学前教育未来的供需矛盾。大部分学者从人口预测的角度出发，分析我国的学前教育需求。李玲等人运用队列要素法，基于第六次人口普查数据估算"全面二孩"政策下 2017—2035 年我国城乡常住学前教育适龄人口规模和在园幼儿数、所需园所、师资和经费配置，根据预测可知，"二孩"政策对学前教育的影响应从 2019 年开始，2022 年全国在园幼儿将达到最大规模，但在此之后学前教育在园幼儿规模逐渐回落，学前教育园所、师资等资源需求也随之减少，从此结果可知，2022 年后供需矛盾将变大，使学前教育处于一定风险中，需构建学前教育资源配置预警机制；④ 洪秀敏等人基于北京市第六次人口普查数据，采用中国人口预测系统 CPPS 并使用封闭系统下的分要素人口预测方法对北京市 2019—2029 年的学前适龄人口和在园生规模进行预测，并据此推算学

---

① 黄娟娟. 0~3 岁婴幼儿家庭育儿的现状、需求及对策建议 [J]. 上海教育科研，2020（12）：44-48.

② 华诗涵，王玲艳. 0~3 岁婴幼儿入托需求与现状的调查与分析 [J]. 幼儿教育，2018（9）：39-43，49.

③ 高孝品. 城乡融合背景下家长学前教育需求研究 [D]. 金华：浙江师范大学，2017.

④ 李玲，黄宸，李汉东. "全面二孩"政策下城乡学前教育资源需求分析 [J]. 教育研究，2018，39（4）：40-50.

前教育物力、人力和财力三方面的资源需求，研究发现"全面二孩"政策后，三种方案下的北京市学前适龄人口在 2024 年达到峰值，北京市学前教育的物力资源总量有待扩大，师资供给矛盾将加剧，并且公共财政投入不足，非公投入负担将加剧；① 郑益乐等人运用灰色 GM（1，1）预测模型等方法，对"全面二孩"背景下我国除港澳台之外的东部、中部、西部、东北部四大区域学前教育学位需求数量及其时空分布变化进行预测，研究结果显示，在"全面二孩"的政策背景下，各区域适龄学前儿童数量均呈现出先扬后抑的倒"U"形曲线，并且各区域之间的学前教育供需存在一定的不平衡性，存在明显向东部集聚及中部塌陷的倾向，具体而言，东部地区适龄学前儿童数量最多，中部地区与西部地区次之，东北地区最少，学位供给缺口率也随此顺序，并且东部地区园舍缺口率最高，中部地区人力资源、财力资源等缺口率最高，而西部和东北部相对较低。②

王丽丹等人以供需关系为主线、密度分析为基础，对传统规划方法进行优化，对沈阳市幼儿园空间布局现状进行客观评价，分析中心城区幼儿园空间分布的现状与特点，并通过核密度分析法等对幼儿园的供需关系进行科学的模拟和分析。调查显示，在幼儿设施供给情况方面：幼儿园的供给总量不足且建设标准不规范、空间布局不合理且老城区幼儿园吸纳率过高；在幼儿需求情况方面：小老城区幼儿分布密度和千人指标差异显著，根据需求总量预测以及供给容量与密度估算的结果可知，未来沈阳市总体上呈现老城区幼儿园供给紧张的情况，外围地区幼儿园供给较为平衡。③ 孟兆敏等人分析上海市基础教育资源供给——硬件与软件投入的现状以及基础教育需求方——学龄人口的分布特点，并通过

---

① 洪秀敏，马群．"全面二孩"政策与北京市学前教育资源需求［J］．北京师范大学学报（社会科学版），2017（1）：22-33．

② 郑益乐，史文秀．"全面二孩"背景下区域学前教育资源供需格局及其应对［J］．教育科学，2019，35（2）：62-71．

③ 王丽丹，谭许伟，刘治国，等．基于供需关系分析的沈阳市幼儿园优化布局研究［J］．城市规划，2016，40（S1）：43-49，68．

二者的适应性分析揭示上海市基础教育资源供需存在的问题。在供给现状方面：幼儿园教育资源总体不足且郊区缺口相对更大；在需求现状方面：首先幼儿园学龄儿童有向郊区分布的趋势且近郊区分布最多，其次幼儿园外来常住学龄人口郊区分布的趋势明显，最后未来幼儿园学龄人口增速放缓。① 史文秀运用 PADIS-INT 人口预测软件，对"全面二孩"背景下我国 2017—2026 年的出生人口、适龄学前儿童以及在园学前儿童数量进行预测。研究结果显示："全面二孩"政策将从 2019 年开始对我国学前教育阶段产生影响，到 2022 年达到最高峰，之后开始缓慢回落，并且受此结果影响，我国学前教育资源需求增长与供给不足的矛盾也将日益凸显，我国学前教育发展的重点任务仍是"扩资源"。②

5. 其他学段教育需求预测及供需矛盾分析

需求预测及供需矛盾分析不仅适用于学前教育，其他学龄段也对本龄段的需求进行预测，特别是义务教育阶段。谢倩等人基于湖南省第六次人口普查数据以及新的生育政策与生育率的变化，使用人口预测方法中的灰色预测、CPPS 人口预测软件等预测 2020—2100 年义务教育学龄人口规模并对省域义务教育资源需求进行分析。结果显示：首先，新的生育政策将有效缓解湖南省义务教育学龄人口的大规模减少，但生育政策的实施不会立即对人数产生影响，其存在一定的滞后性且初中滞后于小学；其次，专任教师需求与校舍需求变化与学龄人口变化一致，但教育经费需求呈增长趋势。③ 李汉东等人利用人口预测模型预测了山东省 2011—2050 年的学前教育和义务教育阶段适龄人口的数量以及变化，并在此基础上分析了"全面二孩"政策实施对山东省学前教育和义务教育需求的影响以及资源供求差异的变化情况。调查显示，山东省的

---

① 孟兆敏，吴瑞君. 上海市基础教育资源供需的现状、问题及对策研究 [J]. 上海教育科研, 2013 (2)：5-9.

② 史文秀. "全面二孩"政策背景下我国学前教育资源供需状况及其政策建议：基于 2017—2026 年在园学前儿童数量预测 [J]. 教育科学, 2017, 33 (4)：82-89.

③ 谢倩，李阳，胡扬名. 学龄人口预测与义务教育资源需求分析：基于省域视角并以湖南省为例 [J]. 湖南农业大学学报（社会科学版）, 2018, 19 (2)：99-104.

"全面二孩"政策的实施导致的出生人口高峰将对未来义务教育、高中教育以及高等教育产生巨大的需求,二孩政策实施后:小学义务教育新增人口将在 2024 年达到峰值,学位缺口将达到 195.32 万人,至少需要新增 2600 所小学和 10.28 万小学专任教师;初中义务教育新增人口将在 2030 年达到峰值,学位缺口将达到 163.5 万人,需至少新建 1400 所初中和新增 12 万专任教师。①

在分析当前教育资源供需平衡上,许多学者依据国家或地区的供给及需求现状进行分析。邬志辉等人从我国义务教育阶段教师编制扩增的需求以及供给的主要矛盾进行分析,在需求方面:"全面二孩"政策对教师编制的新需求、城镇化推进对教师编制的新需求、新课程改革对教师编制的新需求;在供给方面:编制限增政策制约教师按需供给、编制管理体制阻碍教师跨区域调配。依据以上分析,研究认为应建立以持居证学龄人口为依据的教师编制动态核定机制,建立省级统筹、分级管理、专编专用的教师编制管理机制,在编制总量内设定一定比例预留编制并提高编制使用效率。② 吴宏超分析我国当前义务教育供求矛盾的三种表现形式:农村中小学生源萎缩与教育供给相对过剩的矛盾,城镇流动教育需求增加与教育供给不足的矛盾,以及教育质量需求上升与教育供给质量不均衡的矛盾。依据以上分析可知我国未来义务教育学龄儿童总数不断减少,城镇小学阶段学生数将有所提高。③

(三) 我国人口生育政策发展的阶段特征及其对教育的影响

1. 我国生育政策的发展阶段

学者们着眼于不同时期、从不同视角、根据不同依据,对我国人口

① 李汉东,李玲,赵少波.山东省"全面二孩"政策下学前教育及义务教育资源供求均衡分析 [J].教育学报,2019,15 (2):77-89.
② 邬志辉,陈昌盛.我国义务教育阶段教师编制供求矛盾及改革思路 [J].教育研究,2018,39 (8):88-100.
③ 吴宏超.我国义务教育供求矛盾的转变与应对 [J].教育与经济,2008 (1):17-22.

与生育政策发展阶段的划分不尽相同。杨舸依据人口思想变迁与计划生育政策变革，将我国人口与生育政策变化分为四个阶段：新中国成立至1969 年是第一阶段，人口政策从鼓励生育到限制生育思想萌芽，再到批判和停滞；1970—1980 年是第二阶段，随着"文化大革命"的结束，计划生育政策的执行逐渐回到正轨，限制生育的政策正在逐渐发挥效用；1980—2000 年是第三阶段，计划生育政策进一步得到贯彻执行，政策、机构都逐步稳定下来；2000 年至今则是第四阶段，人口快速转变可能带来的负面效应得到关注，限制生育的政策得到反思，计划生育政策再次进入调整通道。① 刘小燕等从政治传播学视角将我国人口生育政策演变分为三个阶段：新中国成立初期至二十世纪五六十年代是第一阶段，由于传统观念和生活水平的提高，人口激增，形成提倡节制生育的观念，实施节制生育的政策，但并没有深入展开与进行；20 世纪 70年代至 21 世纪是第二阶段，党中央更加意识到人口问题的严峻性和复杂性，开始建立完善制度化的计划生育体制，人口的自然增长保持相对稳定的状态；21 世纪至今为第三阶段，由于人口老龄化、人们生育意愿降低、劳动人口占比逐渐降低等，中国的生育政策实现了从"独生子女"到"单独两孩"再到"全面两孩"的战略性调整。② 张越、陈丹通过对新中国成立七十年来人口变迁的梳理，将我国人口生育政策发展划分为五个阶段：新中国成立初期为第一阶段，该阶段人口生育分为两个时期，分别是"人口增殖论"为主导时期和"人口控制论"形成时期，但并没有形成明确具体的人口生育政策；20 世纪 60 年代为第二阶段，人口快速增长，迎来第二次人口生育高峰，决策层开始重新思考人口控制的必要性，首次提出计划生育政策，开始倡导实行有计划的生育；1970—1979 年为第三阶段，提出了"晚、稀、少"的生育政策和

① 杨舸. 新中国成立以来的人口政策与人口转变 [J]. 北京工业大学学报（社会科学版），2019（1）：37-49.

② 刘小燕，李泓江. 中国生育政策传播模式演变考察 [J]. 北京大学学报（哲学社会科学版），2019，56（5）：14-23.

"一个不少，两个正好，三个多了"的方针，计划生育政策由宽松逐渐向严格转变，但并不具有强制执行力；1980—2000 年为第四阶段，在我国人口过剩、生育过多的背景下，开始实施计划生育的基本国策；2001 年至今为第五阶段，长期稳定的低生育率减弱了人口增长的惯性，但也带来了人口老龄化加剧、年轻劳动力严重短缺等负面影响，对此放宽了对二胎生育条件的表述，分别出台了"单独二孩"政策和"全面二孩"政策，并在 2016 年实施"全面二孩"政策。① 石人炳以政策理念为主要划分标准，兼顾政策目标、政策手段等，将 20 世纪 70 年代以来我国的生育政策演变历程划分为三个阶段：1970—2000 年为第一阶段，是行政性生育政策阶段，在政策理念上，以两种生产理论为支撑，将控制人口数量的国家宏观目标放在绝对优先位置；2001—2013 年为第二阶段，是市场性生育政策阶段，在继续控制人口数量的同时，提出要建立和完善计划生育利益导向机制；2014 年至今为包容性生育政策阶段，兼顾宏观目标和家庭发展，以人为本，在执政理念、政策目标、政策主体、政策对象和政策内容等方面都发生了变化。② 李通屏基于制度均衡的观点将我国人口生育政策分为均衡、非均衡交替发展的六个阶段：20 世纪 50 年代为第一阶段，出于对传统人口再生产类型所形成的路径的依赖，以及当时的社会环境，此阶段并无生育政策；1963—1972 年为第二阶段，人口迅速增长给社会经济带来的严重后果逐步显现，出现了节制生育的思想萌芽，形成了城市有规定、农村无政策的"二元结构"，实施局部的制度改良；1973—1980 年为第三阶段，形成以"晚、稀、少"为中心的计划生育具体政策，全面推行计划生育工作的全新的制度安排；1980—1992 年为第四阶段，由于"文化大革命"和时滞效应，致使生育政策在该阶段打破均衡，变为严格推行"一孩"

---

① 张越，陈丹. 新中国 70 年的人口政策变迁与当代人口发展 [J]. 宏观经济管理，2020（5）：62-69.

② 石人炳. 包容性生育政策：开启中国生育政策的新篇章 [J]. 华中科技大学学报（社会科学版），2021，35（3）：92-98.

政策；1993—2013 年是第五阶段，努力消除严厉生育政策的内在不稳定性，使其稳定发展；最后是人口政策的最新发展阶段，体现在政策组织与执行机构的演变、由突出人口控制逐步转到更宽泛的其他人口领域、指导思想由计划生育到人口和计划生育再到统筹解决人口问题、更多体现人文关怀四个方面。① 杨垣国认为我国人口生育政策经历了鼓励增长、放任增长和严格限制增长三个阶段：新中国成立之初为第一阶段，政府和百姓倾向于多生多育，遂该阶段为鼓励人口增长政策；二十世纪五六十年代为第二阶段，1953 年新中国的第一次全国人口普查成为我国人口政策转变的历史契机，但由于政治运动、三年困难和经济技术，采取的是放任政策；20 世纪 70 年代—21 世纪初为第三阶段，经历了"晚、稀、少"时期、"一孩化"时期、人口政策微调时期、稳定低生育水平和统筹解决人口问题的新时期四个时期，实行严格控制人口增长的生育政策。②

纵观我国人口生育政策的发展变化，大致可以分为计划生育前和计划生育后两个阶段，计划生育后又可以分为限制生育和鼓励生育两个时期。新中国成立初期为计划生育之前，由于当时百废待举，加之医疗条件、政治运动、社会变革、传统观念等，并没有建立明确的生育政策，在一定程度上政府鼓励生育、放任生育。从 20 世纪 60 年代第一次全国人口普查之后，我国政府逐渐意识到人口激增给国家建设、社会发展带来的巨大压力与弊端，开始形成了计划生育的观念。逐步以"晚、稀少""一个不少，两个正好，三个多了""一胎化"等为方针，制定各项限制人口的生育政策，并取得了一定成果，在进入 21 世纪前，我国人口总和生育率开始平稳下降，有效遏制了人口高速增长趋势。进入 21 世纪后，人口快速转变带来的负面影响逐渐显露。在 2010 年第六次

---

① 李通屏. 有效人口政策命题与中国生育政策演变 [J]. 社会科学，2013（3）：53–62.

② 杨垣国. 历史地看待新中国成立以来的人口政策及其演变 [J]. 江西社会科学，2009（1）：176–179.

全国人口普查之后，意识到长期的低生育率致使我国人口老龄化现象日益显现并愈发严重，对此相继出台了"单独二孩"和"全面二孩"的生育政策。至此，中国的生育政策实现了从"独生子女"到"单独二孩"再到"全面二孩"的战略性调整。不同的生育政策会给我国带来不同的人口变化，而人口、教育、经济作为社会大系统的三个子系统，其发展是相辅相成的，故人口生育政策的变迁会对教育事业发展具有重大影响。

2. 不同生育政策对教育的影响

"人口问题对教育造成的影响主要反映在人口膨胀对教育的压力、人口波动对教育的冲击、人口结构变化对教育的影响、人口流动对教育的挑战与人口分布不均对教育的制约等方面。"[1] 针对人口问题的人口政策，也将在以上几个方面影响教育事业的发展。潘沛、胡礼和提出"全面二孩"政策是我国当前人口政策的重大调适，其实施会对我国教育资源配置、教育观念、方式与内容及教育体制机制产生重要影响。[2]郭蜜认为实施"全面二孩"政策后我国在教育数量、教育质量、教育投资和教育布局等方面皆面临巨大挑战，尤其是学龄人口的数量，一定会有所增加，应该在科学预测受教育人口变化趋势后，提前布局教育资源。[3] 谢永飞等则在探讨"全面二孩"政策对教育的影响时，强调"全面二孩"政策的实施会在一定程度上增加出生人口的规模、提升我国的生育率，从而会对我国的托育、学前教育、义务教育、高中、高等教育等带来影响，并且这些影响会更多地体现在托育方面，加剧托育、学前教育的供给需求矛盾。[4] 同时，已有不少学者聚焦于人口政策对学前

---

① 董泽芳. 论我国人口问题与教育的关系 [J]. 华中师范大学学报（人文社会科学版），2009，48（3）：116-120.

② 潘沛，胡礼和. 人口政策调适对教育发展的影响及其对策：基于对"全面实施一对夫妇可生两孩政策"的分析 [J]. 教育研究与实验，2015（6）：62-66.

③ 郭蜜. "全面二孩"对中国教育发展的影响 [J]. 劳动保障世界，2016（6）：35，37.

④ 谢永飞，马艳青，程剑波，等. 全面实施二孩政策对人口、教育发展的影响：以江西省为例 [J]. 社科纵横，2020，35（3）：65-71.

教育发展的影响，在"双独二孩""单独二孩"以及"全面二孩"的政策调整后，学前教育受重视程度逐渐提高，幼儿园也不断向规范化、科学化、均衡化方向发展。①

（四）教育需求预测的思路与方法

1. 人口预测方法

人口预测是指根据一个国家或地区现有的人口状况及可以预见到的未来发展变化趋势，赋予影响人口发展的各种因素以一定假设条件，对未来人口发展趋势所做的各种测算，其基础是人口现状资料、人口现象与人口过程本身发展变化的规律性，以及人们对这种规律性的认识和掌握。② 人口预测方法按预测结果可以分为两大类，一类是解释性预测，又被称作定值预测方法或场景预测方法；另一类是外推性预测，又被称作概率预测方法。③ 人口场景预测在中长期预测上更为准确，也是目前联合国最常使用的标准人口预测模型。根据不同学科可以归纳为数学方法、统计方法和人口学方法，其中数学方法和统计学方法主要考虑分析历史纵向数据进行单变量的人口预测，主要包括回归分析和灰色系统分析等方法，而人口学方法主要包括单因素和多因素的队列因素法。④

我国常用的人口预测方法和模型包括宋健人口预测模型、灰色人口预测模型、年龄移算模型、线性回归法、Logistic 人口预测模型以及Leslie 矩阵模型等。罗雅楠等运用多状态人口预测模型（Population-Development-Environment Analysis，PDE），基于"六普"数据，结合当时对未来生育水平、死亡水平、流动迁移水平及教育转换等的研究结果，

---

① 张淑满，张娟娟. 人口政策视角下我国学前教育资源供需状况与优化策略探析［J］. 广西科技师范学院学报，2021，36（2）：92-99.
② 宋健. 人口统计学［M］. 北京：中国人民大学出版社，2019：252.
③ 田飞. 21世纪初人口场景预测研究回顾［J］. 人口与发展，2010，16（2）：48-51.
④ 宋佩锋. 人口预测方法比较研究［D］. 合肥：安徽大学，2013.

测得 2010—2030 年 "全面二孩" 后人口规模在 14.02 亿 ~ 14.68 亿之间。[①] 米红等用队列要素模型，基于宁波市 "六普" 与 "五普" 数据，得出了人口净迁入对宁波市人口总量变化影响最大，而低死亡率和低出生率是未来 50 年加剧宁波市人口老龄化的主要原因的结论。[②] 翟振武等基于 2014 年全国 1‰人口变动情况抽样调查等人口统计数据，使用分人群分要素回推预测方法，测算从 2016 年开始全面放开二孩生育将会形成的目标人群以及由此产生的新增出生人口，结果显示：虽然 "全面二孩" 目标人群规模十分庞大，但因为目标人群的年龄结构原本就比较老，"双独两孩" 与 "单独二孩" 政策的实施又大量减少了已育一孩的年轻妇女数量，所以使新增出生人口数量相对有限。[③] 路锦非等以 2000 年数据作为基准数据，采用队列要素法通过年龄移算预测未来三十年中国城镇人口的规模及结构，将过去城镇人口数据和预测结果对比产生较好的拟合精度，并得出未来城镇人口总体规模呈不断增长的趋势，且存在性别比失衡、城镇劳动年龄人口的增长速度明显低于 65 岁以上老年人口的增长速度等问题。[④] 甘蓉蓉等以陕西省汉中市人口预测为例，运用生态足迹法、灰色模型法及回归分析法，对 2015 年汉中市总人口进行预测，并针对预测结果进行比较分析，得出：基于生态足迹分析的预测所得汉中人口规模偏大，其原因在于生态足迹分析的本质——环境容量；灰色模型预测所得结果较为保守，其原因在于原始数据序列经累加生成后发展趋势稳定；回归分析预测结果居于二者之间，

① 罗雅楠，程云飞，郑晓瑛 . "全面二孩" 政策后我国人口态势趋势变动 [J]. 人口与发展，2016，22（5）：2-14.
② 米红，杨明旭 . 含迁移要素的区域人口随机预测方法及其应用：以浙江省宁波市为例 [J]. 人口与经济，2016（4）：1-9.
③ 翟振武，李龙，陈佳鞠 . 全面两孩政策下的目标人群及新增出生人口估计 [J]. 人口研究，2016，40（4）：35-51.
④ 路锦非，王桂新 . 我国未来城镇人口规模及人口结构变动预测 [J]. 西北人口，2010，31（4）：1-6，11.

其原因在于综合多种不同的回归模型，人口变化发展趋势较为灵活。①

2. 教育需求预测的思路与方法

目前我国对于教育需求的预测，大多基于对学龄人口的预测，包括对学前教育学段、义务教育学段、高等教育学段及职业教育等适龄人口规模的预测，对相应教育资源需求规模的预测主要涉及学位、经费、师资、场地与设施设备等，主要参数涉及入园（托）率、师幼比、生均教育经费指数等。石人炳根据 2000 年人口普查数据，运用人口预测软件对我国 2000—2020 年各级普通教育阶段在校生人数和教师需求量进行预测。首先以王广州对"五普"结果调整后的分年龄性别人口结构数据作为基期数据，以总和生育率、平均预测期寿命为预测参数，并采用预测结果最接近真实、出现可能性最大的中方案，使用 People 软件来预测各阶段的适龄人口。接着基于队列构成法（Cohort Component Method, CCM），根据我国学制和各教育阶段的入学率来预测我国 2000—2020 年各级教育阶段人口。最后根据预测的在校生和《关于制定中小学教职工编制标准的意见》中对于生师比的规定，就全国总体需求对教师进行了预测。② 李玲等基于"六普"数据，对 2016—2035 年义务教育学生规模进行预测并估算所需教师编制、教育经费和校舍建筑规模，结果发现未来七年内我国小学学生规模不断缩小，初中学生规模有所增加，并且"二孩"政策对义务教育的影响将从 2022 年左右开始显现，到 2030 年达到峰值后开始缩小，对此风波，我国现有义务教育教师编制规模、教育经费投入力度和义务教育标准化建设速度基本可以应对，但应警惕快速城镇化带来的农村义务教育资源浪费等问题。③ 周娅娜等以我国义务教育为例，动态模拟了"全面二孩"生育政策的

① 甘蓉蓉，陈娜姿. 人口预测的方法比较：以生态足迹法、灰色模型法及回归分析法为例 [J]. 西北人口，2010，31（1）：57-60.

② 石人炳. 2000—2020 年我国各级教育需求预测及建议 [J]. 南方人口，2004（2）：13-20.

③ 李玲，杨顺光."全面二孩"政策与义务教育战略规划：基于未来 20 年义务教育学龄人口的预测. 教育研究，2016（7）：22-31.

实施对教育财政支出的影响效应，研究发现"全面二孩"政策的实施使得义务教育财政支出增加，政府需根据人口数量变动适时调整义务教育财政支出预算。① 李玲等基于 2010 年重庆市第六次人口普查数据，运用 CPPS 人口预测方法，对"全面二孩"政策下 2016—2035 年重庆市及各功能区义务教育和学前教育在校学生规模及所需师资、校舍、经费等资源进行预测。其人口预测参数包括重庆市 2010 年第六次人口普查数据、重庆市生育率、重庆市死亡率和重庆市迁移率。② 洪秀敏等基于北京市第六次人口普查数据，采用中国人口预测系统（CPPS），设置"全面二孩"政策低、中、高三种人口预测方案，分城乡对北京市 2019—2029 年的学前适龄人口和在园幼儿规模进行预测，并根据人口预测结果和相应资源配置标准，分城乡推算北京市 2019—2029 年的学前教育物力、人力和财力三方面的资源需求。③ 郑益乐等运用灰色 GM（1，1）预测模型等方法，对"全面二孩"背景下我国东部、中部、西部、东北等四大区域（除港澳台之外）学前教育学位需求数量及其时空分布变化进行预测，并在考察区域学前教育资源存量的基础上，揭示"全面二孩"背景下区域学前教育资源的供需矛盾变化。首先预测我国 2018—2030 年期间各分省的出生率与死亡率，然后测算出各年份分省的出生人口数量及其适龄学前儿童数量，最后汇算出四大区域适龄学前儿童数量。在此基础上，进行区域学前教育资源供需状况的计量分析。④ 王艺芳等利用 Leslie 预测模型探讨高、中、低三种总和生育率水平方案下 2016—2030 年 3~6 岁适龄幼儿人口的规模及其变化趋势，以我国 2010—2015 年的人口数据为依据，将女性某一初始时期的分年龄

---

① 周娅娜，曾益."全面二孩"政策背景下中国义务教育财政支出的动态模拟.兰州学刊，2019（6）：151-165.
② 李玲，杨顺光，龚爽."全面二孩"政策下学前与义务教育资源配置研究：以重庆市为例 [J]. 农村经济，2017（4）：122-128.
③ 洪秀敏，马群."全面二孩"政策与北京市学前教育资源需求 [J]. 北京师范大学学报（社会科学版），2017（1）：22-33.
④ 郑益乐，史文秀."全面二孩"背景下区域学前教育资源供需格局及其应对 [J]. 教育科学，2019，35（2）：62-71.

别人口数作为一个列向量，以年龄别生育率、死亡率等作为预测参数，来预测总人口的各项指标，再根据年龄别生育率、年龄别死亡率、出生婴儿性别比等预测幼儿人口数据。最后根据相关配备标准、《幼儿园教职工配备标准（暂行）》中的生师比规定及生均教育经费支出指数，进一步预测幼儿园数量、幼儿园教师配备和财政投入的需求。①

（五）已有研究述评

已有研究为本研究提供了重要基础和有益参考，但也存在一些不足和有待进一步研究的方面。综观已有研究，特别是"全面二孩"政策实施后近几年的相关研究，就研究所聚焦的学段来看，以中小学阶段偏多②③④，学前教育阶段较少；在学前教育需求预测研究中，就地域范围来看，以全国或区域性的整体需求预测居多⑤⑥⑦，聚焦某个地区的较少，以大城市、超大城市为重点分析对象的更少；有少量针对某个城市学前教育需求的预测，但其中一些采用的是忽略迁移因素的封闭系统下的人口预测法⑧⑨，而没有充分考量人口流迁特征对几个最具代表性

---

① 王艺芳，姜勇，林瑜阳．"全面二孩"政策下我国学前教育资源的配置：基于 Leslie 模型 [J]．湖南师范大学教育科学学报，2018，17（3）：59-66.
② 周娅娜，曾益．"全面二孩"政策背景下中国义务教育财政支出的动态模拟 [J]．兰州学刊，2019（6）：151-165.
③ 李玲，杨顺光．"全面二孩"政策与义务教育战略规划：基于未来20年义务教育学龄人口的预测 [J]．教育研究，2016（7）：22-31.
④ 李玲，黄宸，李汉东．"全面二孩"政策下城乡学前教育资源需求分析 [J]．教育研究，2018（4）：40-50.
⑤ 史文秀．"全面二孩"政策背景下我国学前教育资源供需状况及其政策建议：基于2017—2026年在园学前儿童数量预测 [J]．教育科学，2017，33（4）：82-89.
⑥ 郑益乐，史文秀．"全面二孩"背景下区域学前教育供需格局及应对 [J]．教育科学，2019（4）：62-71.
⑦ 庞丽娟，王红蕾，吕武．对"全面二孩"政策下我国学前教育发展战略的建议 [J]．北京师范大学学报（社会科学版），2016（6）：12-21.
⑧ 洪秀敏，马群．"十三五"时期北京市幼儿园师资需求问题研究 [J]．教育科学研究，2018（2）：42-58.
⑨ SMITH D P, KEYFITS N. Mathematical Demography: Selected Papers [M]. Berlin: Springer Verlag, 1997.

的超大城市中长期学前教育需求预测的相关研究。

三、研究目的与问题确立

（一）研究目的

本研究聚焦于"全面二孩"政策实施后的北京、上海、广州这三座超大城市，旨在对其学龄前人口变动趋势做出科学预测，在此基础上结合入园率、幼儿园师幼比、学前教育生均经费标准等主要参数，对京沪穗三座超大城市的幼儿园学位规模、幼儿教师规模及学前教育经费需求的未来中长期需求变动趋势进行测算，并在此基础上提出相关对策建议。

（二）研究问题

研究重点分析回答以下几方面的具体问题："全面二孩"政策实施后，北京、上海、广州三市的人口发展将呈现怎样的总体特征？三市学龄前人口规模与幼儿园适龄幼儿规模将呈现怎样的变动趋势？基于适龄幼儿规模情况，结合相关参数设定，三市学前教育需求在未来中长期将呈现怎样的变动趋势？其中又包含三个子问题：一是幼儿园学位需求量将呈现怎样的变动趋势？二是幼儿园师资需求量将呈现怎样的变动趋势？三是幼儿园经费需求量将呈现怎样的变动趋势？

四、研究意义

（一）理论价值

第一，基于学龄前人口规模预测，从幼儿园学位、幼儿园师资、幼儿园经费多个方面对学前教育需求规模做出宏观分析预测，有助于拓展和丰富教育、学前教育资源配置的相关理论与研究视角；第二，为基于人口预测的学前教育需求规模预测提供了一套可供参考的较为清晰和完整的参数假定标准、研究思路与分析框架；第三，将人口规模与结构特征分析及其预测与学前教育需求分析相结合，有助于探讨人口预测的相关理论与模型在学前教育资源配置研究领域中的运用及其理论价值；第四，基于跨学科思路与方法，进一步促进人口预测方法与学前教育研究的交叉融合，有助于获得新的跨学科发现，丰富相关领域的理论与知识体系。

（二）实践意义

第一，有助于客观、系统地预测未来较长时期京沪穗几个超大城市的学前教育需求状况，同时，对超大城市学前教育资源需求规模与变化趋势的科学测算，有助于客观分析当前及未来的供需矛盾，为学前教育资源供给规模的确定及适时调整提供科学依据；第二，对京沪穗三地学前教育资源需求规模的科学测算和深入分析，不仅可以为这三个城市的相关规划及政策制定提供科学依据，还将为我国其他城市提供有价值的参考；第三，有助于深入理解与科学认识我国生育政策调整对学龄前人口规模变动、学前教育需求变化可能带来的较长时期的影响。

第二章

研究设计

本研究运用经典队列要素预测法（Cohort Component Method，CCM）对未来三十年北京、上海、广州三个超大城市常住学龄前人口规模做出预测，重点聚焦于未来十五年上海常住人口中期发展趋势，并考察后续十五年学龄前人口发展的长期趋势。在此基础上结合入园率、师幼比、生均经费指数等指标，从学位规模、师资队伍、经费投入三方面，对2021—2050年北京、上海、广州三市的学前教育需求做出多种方案的预测分析，并在此基础上提出有针对性的政策建议。

一、核心概念界定

（一）学前教育需求

如前所述，从社会层面而言，教育需求指在一定时期内国民经济各部门以及社会各方面对各类专门人才和受过一定教育的劳动者的数量、质量和结构等方面的要求，并由一定社会的科技和经济发展水平、规模和速度决定，反映社会经济发展对人才培养的客观需要，是制订教育发展计划的依据；从个人和家庭而言，教育需求则指个人和家庭为满足某种精神和物质需要，对接受各级各类教育的要求，且受个人精神充实的欲望、就业与收入的选择、家庭经济条件和子女未来的期望等因素的影响；从宏观角度来看，教育需求还受到人口增长、人口结构变化和人口流动的影响，并且是制约教育供给的一个重要方面。①"学前教育需求"是教育需求的下位概念，基于对教育需求内涵的理解及相关界定，本研究中"学前教育需求"主要聚焦于其社会层面的内涵，指一定时期内社会各方面对学前教育资源数量、质量和结构等方面的要求，它由一定社会的科技和经济发展水平、规模和速度决定，受到人口增长、人口结构变化和人口流动的影响，反映社会经济发展对学前儿童保教的客观需要。具体而言，本研究重点关注幼儿园学位数量、师资规模及经费总量等学前教育资源数量方面的要求。

（二）超大城市

依据《国务院关于调整城市规模划分标准的通知》的相关规定：以城区常住人口为统计口径，将城市划分为五类七档。城区常住人口50万以下的城市为小城市，其中20万以上50万以下的城市为Ⅰ型小城市，20万以下的城市为Ⅱ型小城市；城区常住人口50万以上100万以下的城市为中等城市；城区常住人口100万以上500万以下的城市为大城市，其中300万以上500万以下的城市为Ⅰ型大城市，100万以上300万以下的城市为Ⅱ型大城市；城区常住人口500万以上1000万以下的城市为特大城市；城区常住人口1000万以上的城市为超大城市。②本研究聚焦于北京、上海、广州这三座"城区常住人口1000万以上的""超大城市"。"六普"数据显示，北京、上海、广州三市的常住人口分别为1961万人、2302万人和1270万人。

（三）生育新政

新中国成立七十多年以来，我国人口发展一直面临着不同程度和不

---

① 顾明远.教育大辞典：第六卷［M］.上海：上海教育出版社，1992.
② 国务院.关于调整城市规模划分标准的通知［EB/OL］.（2014-10-29）.http：//www.gov.cn/zhengce/content/2014-11/20/content_9225.htm.

同形式的挑战，无论是在人口过快增长背景下提出控制生育的政策，还是在少子老龄化形势下逐渐放松生育限制，生育政策均在不断寻求更新与突破。当前，我国生育政策正在"经历着从约束走向包容的重大转型"①。本研究中的"生育新政"背景，即在目前我国控制人口增长的目标达成以后，为改变或降低人口结构性矛盾的程度，所实行的适当宽松的生育政策。具体而言，即国家先后实施的有限限制生育的"单独二孩""全面二孩"政策，这既是国家此前生育政策的延续与完善，也是国家人口长期均衡发展的需要。

二、研究思路

本研究采取理论研究和实证研究结合、定性分析和定量分析结合、教育学与人口学研究思路与方法结合的基本思路。建构"'全面二孩'生育新政影响下的学龄前人口预测—根据入园率水平对实际在园幼儿数的预测—确定师幼比水平与生均经费标准的高、中、低三种方案—京沪穗三市学前教育需求变动的多水平预测"的思路框架（参见图2-1）。

具体而言，首先运用经典队列要素法，综合考虑生育、死亡和迁移模式，对未来三十年京沪穗三市学龄前人口规模进行预测，获得高、中、低三套方案。其次，抽取幼儿园适龄幼儿，并结合三市入园率，分别推算未来三十年京沪穗三市幼儿园在园幼儿规模，即幼儿园学位需求总量，同样得到高、中、低三套方案。再次，将三套方案的在园幼儿规模分别与三种不同水平的师幼比标准交叉匹配，测算未来三十年北京、上海、广州三市幼教师资规模的九种水平。最后，结合根据生均经费标准，测算未来三十年北京、上海、广州三市学前教育经费需求量的高、中、低三种水平。在此基础上分析概括北京、上海、广州三市未来中长

---

① 宋健. 从约束走向包容：中国生育政策转型研究 [J]. 华中科技大学学报，2021，35（3）：86-106.

期学前教育需求的主要特点，并提出对策建议。

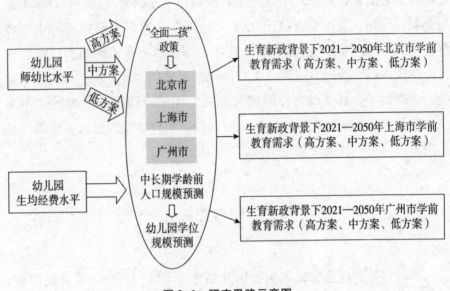

图2-1 研究思路示意图

三、人口预测方案、数据来源与计算方法

本研究以2010年第六次全国人口普查数据为基础数据，采用经典队列要素法，结合多状态人口预测模型，科学、细致预测未来北京市学龄前人口变动趋势；在此基础上，通过多方案情景模拟，对"全面二孩"政策影响下2021—2050年期间北京、上海、广州三市的学前教育需求做出预测性分析。

根据现有数据、参数设定的必要性，以及充分考量"全面二孩"政策对三座超大城市未来人口变动趋势的可能影响，设定了高、中、低三种生育模式，一种死亡模式，以及高、中、低三种迁移模式，并据此设计了高生育高迁移、中生育中迁移、低生育低迁移三种组合的预测方案。

具体计算方法如下：①

$$M_x^{t+1} = M_{x-1}^t \times （1-_mq_{x-1}^t） +M_x^t \times_m m_x^t$$

$$F_x^{t+1} = F_{x-1}^t \times （1-_fq_{x-1}^t） +F_x^t \times_f m_x^t$$

$$M_0^{t+1} =_m b_0^{t+1} \times \sum_{x=15}^{49}（F_x^t \times f_x^t） \times （1 -_mq_0^t） + M_0^t \times_m m_0^t$$

$$F_0^{t+1} =_f b_0^{t+1} \times \sum_{x=15}^{49}（F_x^t \times f_x^t） \times （1 -_fq_0^t） + F_0^t \times_f m_0^t$$

$$_m b_0^{t+1} = \frac{r_0^{t+1}/100}{1+r_0^{t+1}/100}$$

$$_f b_0^{t+1} = 1-_m b_0^{t+1}$$

其中，M_x^t：t 年 x 岁年龄组男性人口数；F_x^t：t 年 x 岁年龄组女性人口数；$_mq_{x-1}^t$：t 年 $x-1$ 岁年龄组男性死亡概率；$_fq_{x-1}^t$：t 年 $x-1$ 岁年龄组女性死亡概率；$_m m_x^t$：t 年 $x-1$ 岁年龄组男性净迁移率；$_f m_x^t$：t 年 x 岁年龄组女性净迁移率；f_x^t：t 年 x 年龄组妇女年龄别生育率；$_m b_0^{t+1}$：$t+1$ 年 0 岁人口中男性人口比重；$_f b_0^{t+1}$：$t+1$ 年 0 岁人口中女性人口比重；r_0^{t+1}：$t+1$ 年出生人口性别比。

---

① SMITH D P，KEYFITS N（eds.）. Mathematical Demography：Selected Papers［M］. Berlin：Springer Verlag，1997.

第三章

北京市中长期学前教育需求预测

改革开放以来，北京市常住人口一直呈现持续增长态势。常住人口出生数由 2000 年的 8.1 万人激增至 2014 年的超过 20 万人，其后一直保持在 17 万人以上；其间户籍人口出生规模也由 2000 年的 7.2 万人持续增长至 2016 年的 20 万人以上。人口出生规模的连续增长，必然将导致未来学龄前人口及学前教育资源需求的相应增加。本章首先考察北京市人口发展特征及其未来发展趋势，在北京市未来人口规模变动预测的基础上，探讨未来北京市学龄前人口发展趋势，并据此对未来中长期北京市学前教育需求做出预测分析。

一、北京市人口发展基本特征

（一）北京市人口规模变动特征

改革开放以来，特别是 2000 年以来，无论是北京市户籍人口还是常住人口，总体上都呈现增长的态势。如图 3-1 所示，1978 年北京市户籍人口为 849.7 万人，到 2019 年年末增长到 1408.0 万人，41 年间增长了 65.71%。常住人口也由 1978 年的 871.5 万人，增长到 2019 年的 2153.6 万人，增长了 1.47 倍。

但自 2015 年以来，北京市人口变动出现新特征。2016 年北京市外来常住人口规模第一次出现下降，从 2015 年到 2019 年逐年减少，共减少 77.0 万人，平均每年减少 19.3 万人。外来人口大幅度减少使得北京市常住人口也于 2016 年达到峰值，2017 年开始出现下降，2019 年比 2016 年减少 19.3 万人，年均减少 6.4 万人。这种变化的主要原因一是来自政府主导的人口调控政策，"以房控人""以业控人"和"规范外来人口随迁子女入学标准"等人口调控政策的实施，使得大量外来人口迁出；二是雄安新区建设规划启动，疏解非首都功能，同时疏解了部分北京市人口。

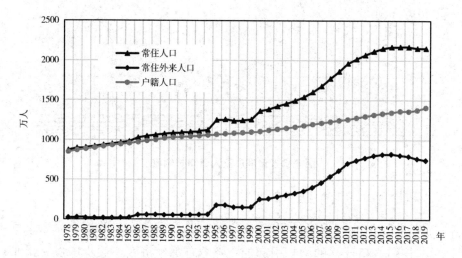

图 3-1　北京市户籍人口与外来常住人口规模变动趋势（1978—2019 年）

（资料来源：《北京统计年鉴 2019》《北京市 2019 年国民经济和社会发展统计公报》。）

20 世纪 90 年代以来，北京户籍人口增长的主要动力在于人口的迁移增长。如图 3-2 所示，户籍人口迁移增长远远高于出生带动的自然增长。这种状况在 2014 年出现新的变化，2014 年北京市开始实行"单独二孩"政策，户籍人口出生达到 17.2 万人，自然增长规模自 20 世纪 90 年代以来首次超过迁移增长规模。其后 2016 年"全面二孩"政策实施，出生人口进一步提高到 20.5 万人，人口自然增长规模达到 11.6 万人。由此可以看出生育政策宽松化的效果显现。但随后，这一政策效果逐渐消退，2016 年以后北京户籍人口出生规模则呈现逐年下降趋势，2017 年降至 18.6 万人，2019 年进一步降至 15.3 万人。可见，生育政策调整的确对人口出生规模有积极影响，但其影响的时间有限，短期效果释放以后，长期来看可能不会引起生育率的大幅度反弹。

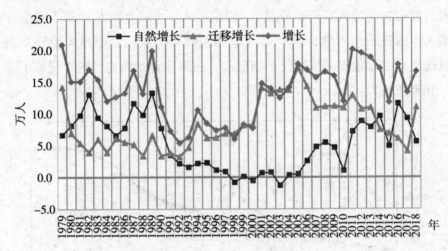

图 3-2 北京户籍人口增长构成

（资料来源：《北京统计年鉴 2019》。）

20 世纪 90 年代以来到 2015 年以前，北京常住人口的增长显然主要是由非户籍人口迁移的增长引起的。随着首都经济实力逐步增强，就业需求增大，对外来人口吸引力日益增强，外来人口迁移日趋活跃。人口流动或常住人口迁移构成常住人口增长的主要来源。外来常住人口占全市常住人口的比重由 1990 年的 5%，提高到 2000 年的 18.8%，2010 年外来常住人口规模快速增长到 700 余万，比重提高至 35.9%；2015 年达到峰值 37.9%，其后 2019 年下降至 34.6%。[①]

（二）北京市人口年龄结构变动特征

20 世纪 90 年代以来，北京市进入低出生、低死亡、低自然增长的

---

① 《北京统计年鉴 2019》。

人口转变后期。人口转变带来最为明显的人口特征是人口老龄化。特别是在中国生育水平和人口迁移受到严格控制的情况下，大城市人口的老龄化一般都比其他地区的老龄化发展快、水平高。伴随北京市人口转变的日益深入以及人口预期寿命的延长，北京市出现人口出生率降低引起的底部老龄化，以及人口预期寿命延长引起的顶部老龄化共存的急速老化发展态势。虽然在生育政策调整等因素影响下，北京市人口老龄化趋势在一定程度上有所缓和，但由于受现有年龄结构及其变动惯性的影响，北京市人口老龄化在未来中长期仍将呈现快速发展态势，老龄化水平将会进一步提高。

1. 北京市常住人口年龄结构特征

北京市人口年龄结构变动具有比较稳定的发展趋势，如表 3-1 所示，其具有以下几方面主要特征：第一，改革开放以来，北京市人口老龄化水平不断提高，1982 年 65 岁及以上人口的比重为 5.6%，2000 年提高到 8.4%，18 年时间上升 2.8 个百分点，2010 年老龄化程度进一步提高到 8.7%。2000 年以来，北京市外来人口剧增，使 2010 年北京 20~35 岁青壮年劳动力快速扩张，这一变动趋势使 2000 年以来北京人口老龄化逐步加剧的发展趋势得以减缓。第二，在 20 世纪 80 年代，北京市 0~14 岁的少儿人口比重相对稳定在 20% 左右，但进入 2000 年出现大幅下降，下降到 13.6%，2010 年更是下降至 8.6%。这说明在 20 世纪 80 年代北京市人口只有老龄化在单向推进，而进入 20 世纪 90 年代，则出现老龄化与少子化"双向"同时推进的特点，北京市人口老龄化程度加剧、速度加快。第三，北京市劳动力资源一直比较丰富，长期处于人口红利时期。如表 3-1 所示，20 世纪 80 年代以来，北京市 15~64 岁劳动年龄人口一直稳在 70% 以上，并且比重不断提高。21 世纪以来，北京市人口迁入更为活跃，迁入人口年轻的年龄结构使 2000 年以来北京人口老龄化逐步加剧的发展趋势得以减缓。丰富的劳动力资源、较低的抚养负担为北京经济、社会的发展提供了良好的劳动力资源条件。

表 3-1　北京历次人口普查年龄结构

项目		1953 年	1964 年	1982 年	1990 年	2000 年	2010 年
各年龄组人口比重	（%）						
0~14 岁		30.1	41.5	22.4	20.2	13.6	8.6
15~64 岁		66.6	54.4	72	73.5	78.0	82.7
60 岁及以上		5.6	6.6	8.5	10.1	12.5	12.5
#65 岁及以上		3.3	4.1	5.6	6.3	8.4	8.7
总抚养比	（%）	50.15	83.82	38.89	36.05	28.21	50.15
老年抚养比		45.20	76.29	31.11	27.48	17.44	45.20
少儿抚养比		4.95	7.54	7.78	8.57	10.77	4.95

（资料来源：《北京统计年鉴 2013》《2015 年北京市 1%人口抽样调查资料》。）

如图 3-3 所示，2010 年北京市常住人口性别年龄呈现 15~64 岁劳动年龄人口庞大，65 岁及以上老年人口以及 14 岁及以下少儿人口较少的两头尖中间粗的纺锤形结构。2019 年北京市常住人口 65 岁及以上人口比重进一步提高到 11.4%。在未来二三十年，北京人口的老龄化仍将迅速发展，老龄化水平将会进一步提高。①

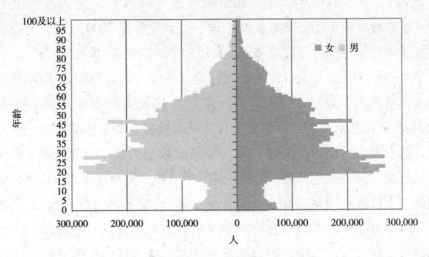

图 3-3　2010 年北京市常住人口金字塔

（资料来源：根据 2010 年人口普查数据整理。）

---

① 根据 2010 年人口普查数据整理。

2. 北京市外来常住人口年龄结构特征

北京市外来常住人口的年龄结构与户籍人口年龄结构有较大差异（参见图3-4）。2010年人口普查数据显示，北京市外来常住人口多集中在15~64岁劳动适龄年龄，特别是15~30岁。2010年北京外来常住人口中，15~64岁人口占91%，其中15~30岁人口占全部人口的48%；65岁以上老年人口比重非常低，仅占1.8%。可见，长期以来北京市外来人口的主体是劳动年龄人口。

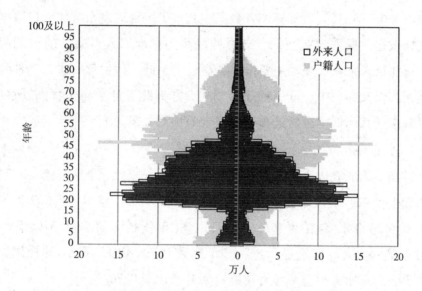

图3-4 2010年北京户籍常住人口及外来常住人口年龄结构

（资料来源：根据2010年人口普查数据整理。）

北京市户籍人口则呈现严重老龄化态势。2010年北京市户籍人口中65岁以上人口比重已经达到12.6%，远高于外来常住人口。15~64岁劳动年龄人口占77.8%，比外来常住人口低13.5个百分点。由人口增长的惯性可以判断，未来二十年北京市户籍人口老化速度将更快，高龄化趋势加剧，劳动适龄人口比重将迅速下降，老年人口抚养比也将进一步上升。①

---

① 根据2010年人口普查数据整理。

二、北京市人口发展预测的主要结果

(一) 北京市人口预测的参数设定

采用队列要素法通过年龄移算预测到 2030 年北京人口规模及结构。预测以 2015 年 1% 人口抽样调查数据、北京市统计局发布常住人口数据为基础数据。根据现有数据、必要性以及北京未来人口变动的可能趋势，对北京未来人口变动主要设定了高、中、低三种生育模式，一种死亡模式，以及高、中、低三种迁移模式，并据此设计了高生育高迁移、中生育中迁移、低生育低迁移三种组合的预测方案。

1. 生育模式假定

自新中国成立以来，北京市妇女生育水平一直处于下降状态，1974 年总和生育率就初次下降到更替水平（2.1）以下，为 1.44；20 世纪 80 年代、90 年代都在更替水平以下，90 年代初下降到 1.3 以下；[1] 2010 年第六次人口普查显示进一步下降到 0.70，2015 年 1% 抽样调查数据表明北京市人口总和生育率略有回升，达到 0.76。[2]

未来北京市人口生育水平将受到来自经济发展水平、生育观念转变及生育政策等的多重影响。2016 年"全面二孩"政策实施后，北京市人口生育率出现回升。北京市统计局公布的数据显示，2016 年与 2017 年北京市户籍出生人口分别为 20.5 万人、18.6 万人，"全面二孩"政策效应开始显现。但 2018 年北京市户籍人口出生人数则进一步下降为 15.7 万人，政策效应快速释放。

综合各种影响因素，并考虑到在全面放开生育二孩的基础上，全面

---

① 于秀琴. 北京六十年 1949—2009 [M]. 北京：中国统计出版社，2009.
② 2010 年北京人口普查数据、2015 年北京 1% 人口抽样调查数据。

放开生育政策的可能性，本预测设定了高、中、低三种生育水平，并假定未来北京市妇女年龄别生育模式保持 2015 年模式不变，由此得出高、中、低三种年龄别生育模式。2010 年和 2015 年北京市人口分年龄生育模式参见图 3-5。

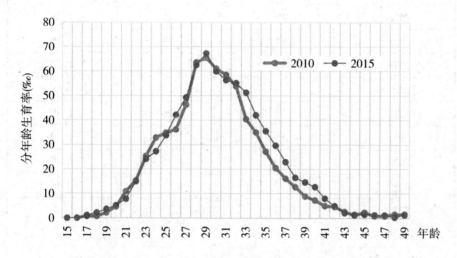

图 3-5　2010 年和 2015 年北京人口分年龄生育模式①

在三个假定方案中，中生育方案略高于 2015 年生育水平，该方案总和生育率在 2016 年开始略有回升达到 1.1，此后逐步提高、考虑到未来生育政策全面放开的可能，到 2026 年总和生育率达到 1.2，其后仍然小幅上升，2036—2050 年稳定在 1.3。高方案、低方案总和生育率的变动轨迹与中方案类似（参见表 3-2）。

表 3-2　北京市常住人口总和生育率假定

年份	低方案	中方案	高方案
2021	1.05	1.15	1.30
2022	1.06	1.16	1.31
2023	1.07	1.17	1.32

---

① 根据 2010 年北京人口普查数据、2015 年 1%抽样调查数据计算。

年份	低方案	中方案	高方案
2024	1.08	1.18	1.33
2025	1.09	1.19	1.34
2026	1.10	1.20	1.35
2027	1.11	1.21	1.36
2028	1.12	1.22	1.37
2029	1.13	1.23	1.38
2030	1.14	1.24	1.39
2031	1.15	1.25	1.40
2032	1.16	1.26	1.40
2033	1.17	1.27	1.40
2034	1.18	1.28	1.40
2035	1.19	1.29	1.40
2036—2050	1.20	1.30	1.40

2000 年与 2010 年人口普查显示，进入 21 世纪以来，北京市常住人口出生性别比略高，2000 年为 114，2010 年略有降低，为 112，2015 年继续小幅降低到 110。因此，本研究假定 2016 年以后北京市人口出生性别比为 108，2021 年以后随政策继续放开以及生育观念继续转变，人口性别比压力逐渐减小，性别比逐步降低，以 106 作为长期发展趋势。

2. 平均预期寿命假定

未来平均预期寿命是进行北京市未来人口预测需要设定的重要指标之一。本预测采用的北京市未来人口平均预期寿命值，主要是根据北京市人口过去平均预期寿命的变化趋势建立预测模型，求出北京市未来人口平均预期寿命的初步假定值。

考察北京市人口死亡水平的变化轨迹可以发现，新中国成立以来，随着医疗卫生条件的改善和生活水平的提高，北京市人口死亡水平大幅度下降，平均预期寿命有了显著提高。1979 年北京市户籍人口平均预期寿命男性为 69.51 岁、女性为 72.26 岁，到 2015 年男、女平均预期寿命分别增长至 79.81 岁和 84.16 岁，分别比 1979 年增长约 10 岁和 12 岁（参见表 3-3）。

表 3-3　北京市户籍人口平均预期寿命　　　　（单位：岁）

年	全市	男性	女性
1979	—	69.51	72.26
1989	72.61	70.91	74.43
1999	76.93	75.37	78.55
2000	77.46	75.81	79.15
2005	80.09	78.47	81.76
2010	80.81	79.09	82.60
2015	81.95	79.81	84.16
2016	82.03	79.83	84.31
2017	82.15	79.98	84.41
2018	82.20	79.85	84.63

（资料来源：根据北京市卫健委数据整理。）

北京市人口平均预期寿命在 1979—1989 年 10 年间的变化相对缓慢和平稳，而 1989—1999 年间增长较快，进入 21 世纪增长再次趋缓。如图 3-6 所示，2000 年以来，北京市平均预期寿命变动相对比较平稳，男性平均预期寿命增长略低于女性。

考虑到人的寿命增长的有限度性，未来北京市人口寿命延长速度将逐渐减慢。本研究假定，2019—2020 年北京市男性和女性平均预期寿命按照 2010—2018 年年均增加幅度增长，即每年增加 0.09 岁和 0.25 岁。随后 2021—2030 年北京男性人口平均预期寿命长期保持 2000—2018 年平均幅度增长，每年提高 0.20 岁；女性平均预期寿命增长幅度略有减缓，年均增长为 0.20 岁。2031—2040 年增长速度进一步放缓，男性和女性年均增长均为 0.15 岁。2041—2050 年男性则进一步降低为年均增长 0.10 岁，女性依然为 0.15 岁（参见表 3-4）。

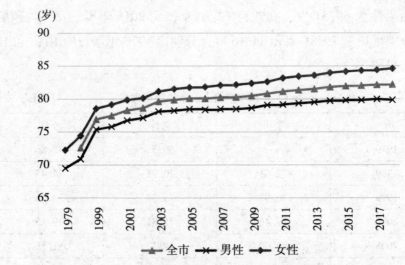

图3-6 1979—2018年北京市户籍人口平均预期寿命变化趋势

（资料来源：根据北京市卫健委数据整理。）

表3-4 北京市人口未来平均预期寿命的假定 （单位：岁）

年份	男性	女性	差值：女－男	年份	男性	女性	差值：女－男
2021	80.23	85.33	5.10	2036	82.93	88.23	5.30
2022	80.43	85.58	5.15	2037	83.08	88.38	5.30
2023	80.63	85.83	5.20	2038	83.23	88.53	5.30
2024	80.83	86.08	5.25	2039	83.38	88.68	5.30
2025	81.03	86.33	5.30	2040	83.53	88.83	5.30
2026	81.23	86.53	5.30	2041	83.63	88.98	5.35
2027	81.43	86.73	5.30	2042	83.73	89.13	5.40
2028	81.63	86.93	5.30	2043	83.83	89.28	5.45
2029	81.83	87.13	5.30	2044	83.93	89.43	5.50
2030	82.03	87.33	5.30	2045	84.03	89.58	5.55
2031	82.18	87.48	5.30	2046	84.13	89.73	5.60
2032	82.33	87.63	5.30	2047	84.23	89.88	5.65

年份	男性	女性	差值：女—男	年份	男性	女性	差值：女—男
2033	82.48	87.78	5.30	2048	84.33	90.03	5.70
2034	82.63	87.93	5.30	2049	84.43	90.18	5.75
2035	82.78	88.08	5.30	2050	84.53	90.33	5.80

3. 迁移模式假定

如前所述，外来人口迁入是北京市人口与发展的重要动力。尽管受户籍制度、就业体制、社会保障等制度性因素的制约，北京市常住人口迁移仍表现出日益活跃的趋势，并与广东、上海一同成为全国三大人口迁入吸引中心。2010 年人口普查数据及 2015 年 1%人口抽样调查数据显示，北京市外来常住人口占常住人口比重均保持较高水平，分别为35.9%和35.4%。外来人口已成为北京市实现可持续发展和打造世界城市不可或缺的重要力量。

但值得注意的是，"十二五"时期以来北京市外来常住人口规模快速增长的趋势已发生新的变化：表现出由较快增长向缓慢增长过渡的趋势，近年来则逐渐减少。北京市常住外来人口增量从 2011 年的 37.7 万人，降至 2015 年的 3.9 万人，增速从 5.4%降至 0.5%。2015 年北京外来常住人口达到峰值后逐渐减少，2019 年降至 745.6 万人。[①]

1. 北京市人口净迁移强度及模式

根据美国人口学家罗杰斯提出的迁移人口年龄表（age table），每一个居民都是一个潜在移民，其发生迁移的概率随人的生命周期变化而呈有规律变化。如 15~34 岁人口，由于经历升学、就业、婚姻等生命事件的迁移概率最大，形成迁移概率最大高峰；到 60 岁左右伴随退休、离职的迁移概率又将出现一个小高峰，而少儿人口随年龄增长跟随父母迁移的概率呈下降趋势。迁移人口年龄表模型为北京未来人口迁移模式

---

① 根据 2010 年人口普查数据及 2015 年 1%人口抽样调查数据。

的假定提供了重要理论依据。

根据北京市 2010 年人口普查数据制作北京市迁移人口（迁移概率）年龄模型图，可以发现北京市的迁移人口（迁移概率）年龄模型与罗杰斯提出的迁移人口年龄表模型十分相似。总体而言，北京市人口净迁入率峰值是在 17～44 岁年龄段，集中于青壮年时期。这与外来人口主要集中于劳动年龄人口的特征相吻合（参见图 3-7）。

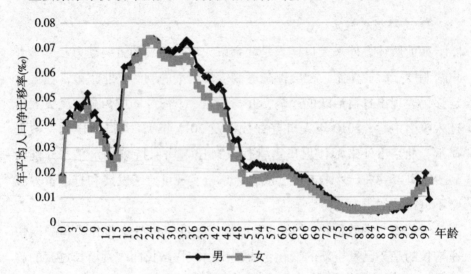

图 3-7　北京分性别年龄常住人口年平均迁移率

（资料来源：北京市 2010 年人口普查数据。）

（2）迁移方案假定

如前文所述，2016 年以前北京市常住人口增长的主导力量是外来人口迁入，2010—2015 年期间北京市外来常住人口、常住人口分别年均增长 23.6 万人、41.7 万人，2015—2019 年则分别年均减少 19.3 万人、4.2 万人。① 《北京城市总体规划（2016—2035 年）》中提出北京市常住人口规模将长期控制在 2300 万人以内。考虑到未来中央对超大城市人口调控的措施仍将持续特别是北京市非首都功能的疏散，总体假

————————

① 根据 2010 年人口普查数据及 2015 年 1% 人口抽样调查数据。

定未来北京市外来常住人口规模保持不变或略有增长。

本预测以迁移人口年龄表模型为基础，根据 2010 年人口普查数据，计算 2006—2010 年间年均北京市迁移人口年龄别净增率，并据此设定高、中、低三种迁移模式。以年龄别人口净迁移率来设定人口迁移模式，比单纯设定年均迁移人口数更有据可循，也能更好地把握迁移人口的规模特别是迁移人口性别、年龄结构。设定的高、中、低三种强度迁移模式均以 2005—2010 年北京市常住人口年平均年龄别净迁移率为基础，分年龄净迁移模式与 2005—2010 年相同，只是迁移水平有所差异。考虑到未来经济增长放缓的可能性，以及雄安新区规划的影响，假定2011—2016 年北京市净迁移强度逐渐减弱，由 2005—2010 年迁移强度的 50%逐渐降至 0。如表 3-5 所示，2011—2019 年高、中、低三个方案模式非常接近，均模拟人口调控政策下收紧的迁移政策。中、低方案假定北京市常住人口分别在 2018 年和 2017 年开始出现净迁出。2020 年以后三个方案中北京市常住人口净迁移均缓慢转为净迁入。

表 3-5 北京市常住人口迁移方案假定

年	高方案	中方案	低方案
2011	0.50	0.50	0.50
2012	0.40	0.40	0.40
2013	0.30	0.30	0.30
2014	0.20	0.20	0.20
2015	0.10	0.10	0.10
2016	0	0	0
2017	0	0	−0.10
2018	0	−0.1	−0.20
2019	0	−0.1	−0.20
2020—2024	0.10	0	−0.10
2025—2029	0.20	0.10	0

年	高方案	中方案	低方案
2030—2034	0.20	0.15	0.10
2035—2039	0.20	0.20	0.15
2040—2044	0.20	0.20	0.15
2045—2050	0.20	0.15	0.15

（注：表内数值表示未来北京市常住人口净迁移率是2005—2010年北京市常住人口净迁移率的倍数。）

（二）北京市人口规模及结构主要预测结果

根据以上预测方法和模型、人口数据及假定参数，对北京市未来中长期人口发展趋势进行预测，主要得到以下结果。

1. 北京市常住人口规模预测结果

北京市未来常住人口规模的预测结果，如表3-6所示，在三个预测方案中，高、中方案常住人口规模总体均呈持续缓慢增长趋势。如根据中方案（中迁移中生育方案）预测结果，北京市常住人口规模到2025年、2030年将分别增长到约2266万人和2299万人，2050年将增长到约2359万人。低方案模拟的是北京市严格人口调控政策下的人口发展，因此呈现先缓慢增长再缓慢下降的发展态势。

表3-6　北京市常住人口规模预测结果　　　（单位：万人）

年	高方案	中方案	低方案
2021	2286.37	2232.26	2151.08
2022	2307.02	2241.47	2149.20
2023	2325.59	2248.72	2145.64
2024	2341.95	2253.91	2140.35
2025	2364.93	2265.54	2141.32
2026	2385.72	2275.13	2140.54

续表

年	高方案	中方案	低方案
2027	2404.34	2282.75	2138.12
2028	2420.93	2288.55	2134.20
2029	2435.66	2292.69	2128.94
2030	2448.79	2299.27	2129.62
2031	2460.53	2304.60	2128.73
2032	2471.03	2308.78	2126.85
2033	2480.44	2311.94	2124.08
2034	2489.00	2314.27	2120.57
2035	2496.96	2319.58	2119.47
2036	2504.56	2324.44	2118.55
2037	2511.90	2328.94	2117.21
2038	2519.18	2333.24	2115.56
2039	2526.46	2337.36	2113.58
2040	2534.01	2341.53	2111.44
2041	2541.92	2345.80	2109.17
2042	2550.19	2350.17	2106.76
2043	2558.79	2354.62	2104.17
2044	2567.72	2359.15	2101.40
2045	2576.92	2360.23	2098.43
2046	2586.12	2361.05	2095.05
2047	2595.11	2361.43	2091.13
2048	2603.83	2361.35	2086.70
2049	2612.11	2360.70	2081.67
2050	2619.67	2359.24	2075.88

北京市常住人口规模变动趋势在不同的方案中呈现不同的发展态势：高方案下，北京市常住人口规模持续呈现增长态势，并在 2050 年达到最大值 2619.67 万人；中方案下，北京市人口规模呈现先增加后减少的趋势，在 2047 年达到峰值 2361.43 万人，之后降至 2050 年的 2359.24 万人；低方案下，人口规模在微小波动中呈现持续下降的总体态势，2029 年降到 2128.94 万人，在 2030 年稍提升到 2129.62 万人后，2031—2050 年持续呈现下降趋势，并在 2050 年降到 2075.88 万人（参见图 3-8）。

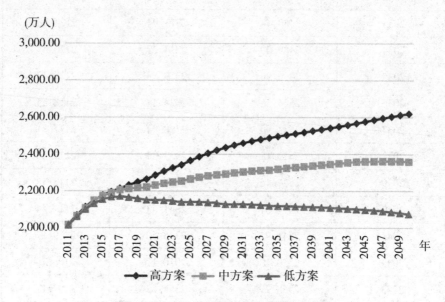

图 3-8 北京市常住人口规模变动趋势预测

2. 北京市分年龄段常住人口规模预测结果

如表 3-7 所示，三种方案之下，2021—2050 年北京市 65 岁及以上老年人口规模均持续增长，到 2050 年，三种方案分别达到最大值 943.93 万人、904.64 万人和 850.24 万人。0~14 岁人口预测规模呈"倒 S"型，先增后减再增，高、中方案于 2025 年到达谷峰，分别为 377.73 万人和 333.55 万人，低方案的谷峰早两年到达，2023 年为 291.3 万人。高方案的谷底最先到达，2041 年为 192.63 万人，中、低方案的谷底值都在 2042 年，分别为 162.55 万人和 131.73 万人。

表 3-7 北京市少儿及老年常住人口规模预测结果 （单位：万人）

年份	65 岁及以上			0-14 岁		
	高方案	中方案	低方案	高方案	中方案	低方案
2021	299.35	298.50	296.42	349.00	318.71	287.11
2022	316.68	315.39	312.75	360.15	326.29	291.19
2023	335.08	333.28	330.01	367.13	329.74	291.30
2024	350.27	347.89	343.91	372.56	331.79	290.25
2025	366.51	363.52	358.82	377.73	333.55	288.96
2026	380.10	376.44	370.95	376.53	331.06	285.58
2027	392.47	388.11	381.85	371.37	325.31	279.38
2028	420.47	415.40	408.35	362.59	316.56	270.58
2029	449.59	443.42	435.11	350.48	305.20	259.46
2030	470.82	463.65	454.16	335.37	291.87	247.29
2031	489.71	481.70	471.17	318.80	276.49	233.33
2032	505.49	496.66	485.13	301.23	260.30	218.75
2033	523.90	514.31	501.83	283.20	243.72	204.00
2034	548.94	538.51	524.89	265.33	227.43	189.41
2035	572.78	561.55	546.43	248.35	212.42	176.24
2036	596.29	584.27	567.65	233.00	198.91	164.51
2037	619.19	606.33	588.11	219.68	187.20	154.36
2038	642.49	628.72	608.79	208.74	177.55	145.97
2039	663.36	648.58	626.74	200.45	170.16	139.47
2040	680.36	664.54	640.79	195.08	165.24	134.98
2041	696.53	679.72	654.13	192.63	162.74	132.44
2042	712.84	694.97	667.44	192.98	162.55	131.73
2043	731.19	712.16	682.51	195.94	164.50	132.68
2044	754.17	733.76	701.66	201.24	168.35	135.07
2045	780.74	758.26	723.49	208.57	173.55	138.71
2046	807.40	782.45	744.58	217.58	180.05	143.32

年份	65 岁及以上			0-14 岁		
	高方案	中方案	低方案	高方案	中方案	低方案
2047	843.19	815.52	774.38	227.86	187.51	148.63
2048	881.07	849.81	804.34	239.04	195.61	154.40
2049	914.17	878.86	828.76	250.63	203.95	160.31
2050	943.93	904.64	850.24	262.11	212.14	166.05

具体来看，北京市 65 岁及以上老年人口规模在 2021—2023 年以显著的趋势增加，增幅约为 6%。2024—2025 年 65 岁及以上老年人口数量约是初始年份的 1.2 倍。2028—2029 年是另一增幅显著的区间，三种方案下，人口年增长绝对值在 2600 万~2900 万人之间。到 2034 年 65 岁及以上老年人口数量约是初始年份的 2 倍，且自此人口增速逐年降低，增幅逐渐放缓。三种方案中 0~14 岁人口规模在 2021—2023 年期间均持续增长，高、中方案到 2026 年呈负增长，低方案于 2024 年呈负增长。高方案在 2025—2041 年间共减少 185.10 万人，年均减少 11.57 万人。中方案在 2025—2042 年间共减少 171 万人，年均减少 10.06 万人，低方案在 2023—2042 年间共减少 159.57 万人，年均减少 8.40 万人。2042—2043 年三种方案逐年增加，至 2050 年，人口数分别为 262.11 万人、212.14 万人和 166.05 万人。

受人口惯性，以及"单独二孩"和"全面二孩"政策的影响，近十年来北京市人口出生规模快速增长，使得北京市 0~6 岁学龄前人口规模也随之持续扩大。如图 3-9 所示，北京市 0~6 岁人口规模自 2021 年开始下降，2037 年降至谷底，2038 年再次增长。本研究对学龄前人口规模预测的中方案显示，未来北京市 0~6 岁人口规模在 2021 年为 174.49 万人，其后不断下降，到 2037 年降低至最低点的 64.70 万人，此后再次逐步提高。以下是分别根据高方案、中方案和低方案预测得出的北京市未来中长期学龄前人口规模（参见表 3-8 至表 3-10）。

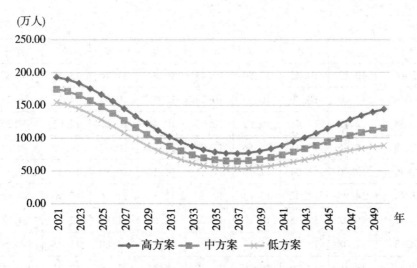

图 3-9 北京市学龄前人口规模变动趋势（2011—2050 年）

表 3-8 北京市学龄前人口规模预测结果（高方案） （单位：万人）

年份	0 岁	1 岁	2 岁	3 岁	4 岁	5 岁	6 岁	合计
2021	25.27	26.72	27.71	28.29	28.56	28.43	28.13	193.12
2022	23.72	25.35	26.83	27.82	28.42	28.68	28.56	189.37
2023	22.02	23.80	25.45	26.93	27.94	28.54	28.80	183.49
2024	20.20	22.09	23.89	25.56	27.06	28.06	28.67	175.53
2025	18.36	20.35	22.28	24.10	25.80	27.30	28.32	166.51
2026	16.66	18.50	20.53	22.47	24.33	26.04	27.55	156.09
2027	15.11	16.79	18.67	20.71	22.69	24.56	26.28	144.81
2028	13.74	15.22	16.94	18.83	20.91	22.90	24.79	133.34
2029	12.59	13.84	15.36	17.09	19.02	21.11	23.12	122.14
2030	11.67	12.69	13.97	15.50	17.26	19.20	21.32	111.61
2031	10.97	11.76	12.80	14.09	15.65	17.43	19.40	102.09
2032	10.48	11.05	11.86	12.91	14.23	15.80	17.60	93.94
2033	10.18	10.56	11.14	11.97	13.04	14.37	15.96	87.22
2034	10.15	10.26	10.65	11.24	12.08	13.16	14.51	82.05
2035	10.38	10.22	10.34	10.74	11.35	12.20	13.29	78.52

年份	0岁	1岁	2岁	3岁	4岁	5岁	6岁	合计
2036	10.83	10.45	10.30	10.43	10.84	11.46	12.32	76.62
2037	11.40	10.90	10.53	10.39	10.53	10.94	11.57	76.25
2038	12.13	11.48	10.99	10.62	10.48	10.62	11.04	77.35
2039	12.96	12.21	11.56	11.07	10.71	10.57	10.72	79.81
2040	13.90	13.04	12.30	11.65	11.17	10.80	10.67	83.54
2041	14.95	14.00	13.14	12.40	11.75	11.26	10.90	88.40
2042	16.02	15.05	14.10	13.24	12.50	11.85	11.36	94.13
2043	17.08	16.13	15.17	14.21	13.35	12.60	11.95	100.50
2044	18.10	17.20	16.25	15.28	14.33	13.46	12.71	107.32
2045	19.03	18.22	17.33	16.37	15.41	14.44	13.58	114.38
2046	19.84	19.16	18.36	17.46	16.51	15.53	14.57	121.43
2047	20.48	19.97	19.31	18.50	17.61	16.65	15.66	128.17
2048	20.94	20.62	20.13	19.46	18.65	17.75	16.79	134.34
2049	21.19	21.09	20.78	20.29	19.63	18.81	17.90	139.68
2050	21.22	21.34	21.25	20.94	20.46	19.79	18.97	143.97

表3-9 北京市学龄前人口规模预测结果（中方案）（单位：万人）

年份	0岁	1岁	2岁	3岁	4岁	5岁	6岁	合计
2021	22.89	24.27	25.20	25.78	25.94	25.80	24.60	174.49
2022	21.34	22.87	24.26	25.20	25.78	25.93	25.80	171.19
2023	19.68	21.33	22.86	24.25	25.20	25.78	25.93	165.02
2024	17.93	19.66	21.32	22.86	24.25	25.19	25.78	156.98
2025	16.18	17.99	19.74	21.41	22.96	24.36	25.31	147.95
2026	14.58	16.24	18.06	19.83	21.51	23.07	24.47	137.76
2027	13.14	14.64	16.31	18.14	19.92	21.61	23.18	126.93
2028	11.87	13.18	14.70	16.38	18.23	20.01	21.71	116.09
2029	10.82	11.91	13.24	14.76	16.46	18.32	20.11	105.62

续表

年份	0岁	1岁	2岁	3岁	4岁	5岁	6岁	合计
2030	9.98	10.88	11.99	13.33	14.87	16.58	18.45	96.08
2031	9.37	10.04	10.95	12.07	13.43	14.98	16.70	87.54
2032	8.94	9.42	10.11	11.02	12.16	13.52	15.09	80.26
2033	8.67	8.99	9.48	10.17	11.10	12.25	13.62	74.29
2034	8.63	8.72	9.04	9.54	10.25	11.18	12.34	69.70
2035	8.81	8.69	8.79	9.12	9.63	10.34	11.29	66.67
2036	9.18	8.87	8.76	8.87	9.21	9.72	10.44	65.04
2037	9.64	9.24	8.94	8.83	8.95	9.29	9.81	64.70
2038	10.21	9.70	9.31	9.01	8.91	9.03	9.38	65.55
2039	10.85	10.27	9.78	9.38	9.09	8.99	9.11	67.47
2040	11.57	10.92	10.35	9.85	9.47	9.17	9.07	70.39
2041	12.36	11.64	11.00	10.43	9.94	9.54	9.25	74.16
2042	13.16	12.44	11.73	11.09	10.52	10.02	9.63	78.59
2043	13.97	13.25	12.53	11.82	11.18	10.61	10.10	83.47
2044	14.73	14.06	13.35	12.63	11.92	11.27	10.70	88.67
2045	15.44	14.81	14.14	13.43	12.71	12.00	11.34	93.86
2046	16.01	15.51	14.89	14.22	13.51	12.79	12.07	99.00
2047	16.44	16.09	15.60	14.98	14.31	13.60	12.87	103.88
2048	16.73	16.52	16.18	15.69	15.07	14.40	13.68	108.28
2049	16.86	16.82	16.62	16.28	15.79	15.16	14.49	112.02
2050	16.80	16.94	16.92	16.72	16.38	15.89	15.26	114.92

表3-10　北京市学龄前人口规模预测结果（低方案）　（单位：万人）

年份	0岁	1岁	2岁	3岁	4岁	5岁	6岁	合计
2021	20.14	21.40	22.50	22.85	23.02	22.85	21.69	154.45
2022	18.65	20.04	21.30	22.40	22.74	22.92	22.75	150.80
2023	17.08	18.56	19.94	21.21	22.30	22.64	22.81	144.53

年份	0岁	1岁	2岁	3岁	4岁	5岁	6岁	合计
2024	15.45	16.99	18.47	19.85	21.10	22.20	22.53	136.59
2025	13.85	15.44	16.98	18.46	19.85	21.10	22.20	127.88
2026	12.40	13.84	15.43	16.98	18.46	19.85	21.10	118.06
2027	11.10	12.39	13.83	15.43	16.98	18.46	19.84	108.04
2028	9.98	11.09	12.39	13.83	15.43	16.98	18.46	98.15
2029	9.05	9.97	11.09	12.38	13.83	15.43	16.98	88.73
2030	8.33	9.08	10.01	11.14	12.45	13.90	15.50	80.41
2031	7.81	8.36	9.12	10.05	11.19	12.50	13.96	73.00
2032	7.46	7.84	8.39	9.16	10.10	11.24	12.56	66.75
2033	7.24	7.48	7.87	8.43	9.20	10.15	11.29	61.65
2034	7.19	7.26	7.51	7.90	8.46	9.24	10.20	57.76
2035	7.33	7.23	7.30	7.55	7.95	8.52	9.31	55.19
2036	7.61	7.36	7.27	7.35	7.61	8.01	8.58	53.79
2037	7.95	7.65	7.41	7.32	7.40	7.66	8.07	53.45
2038	8.37	7.99	7.70	7.45	7.37	7.45	7.71	54.03
2039	8.82	8.41	8.04	7.74	7.50	7.41	7.50	55.43
2040	9.31	8.87	8.46	8.09	7.79	7.55	7.46	57.52
2041	9.86	9.35	8.92	8.51	8.14	7.84	7.60	60.20
2042	10.40	9.90	9.40	8.97	8.56	8.19	7.89	63.32
2043	10.95	10.46	9.96	9.46	9.02	8.62	8.24	66.70
2044	11.46	11.00	10.51	10.02	9.52	9.08	8.67	70.26
2045	11.93	11.51	11.07	10.58	10.08	9.58	9.14	73.88
2046	12.32	11.99	11.58	11.13	10.64	10.14	9.64	77.44
2047	12.62	12.39	12.05	11.65	11.20	10.71	10.21	80.82
2048	12.81	12.68	12.46	12.12	11.72	11.27	10.78	83.85
2049	12.88	12.88	12.76	12.53	12.20	11.80	11.34	86.39
2050	12.82	12.95	12.96	12.83	12.61	12.28	11.87	88.32

三、北京市学前教育需求中长期预测分析

（一）北京市学前教育需求预测的参数假定

1. 幼儿园学位需求量预测方法与数据来源

在学龄前人口规模预测结果的基础上，参照《北京市中长期教育改革和发展规划纲要（2010—2020 年）》中制定的"全面普及学前教育，学前三年毛入园率达到99%"的入园率目标①，推算出未来中长期北京市在园幼儿规模及其变化趋势，分为高、中、低三个方案。

2. 幼儿园师资需求量预测方法与数据来源

对北京市幼儿园师资需求量的预测包括两部分，一是教职工需求量，二是专任教师需求量，二者均以在园幼儿数的高、中、低三种方案预测值为基础，并结合三种不同水平的师幼比，两项指标在不同水平上交叉计算，进而获得2020—2050 年北京市师资需求量的九套预测结果（参见表3-11）。具体而言，教职工与专任教师师幼比当前实际水平（中水平）可依据北京市统计局发布的在园幼儿数、教职员工数、专任教师数计算得出；教职工与专任教师师幼比的高、低水平分别参照我国《幼儿园教职工配备标准（暂行）》中规定的全日制幼儿园师幼比高限标准与低限标准而确定。

表 3-11 北京市幼儿园师资需求量预测方案

	在园幼儿数高方案	在园幼儿数中方案	在园幼儿数低方案
师幼比高水平	高幼儿数—高师幼比	中幼儿数—高师幼比	低幼儿数—高师幼比
师幼比中水平	高幼儿数—中师幼比	中幼儿数—中师幼比	低幼儿数—中师幼比
师幼比低水平	高幼儿数—低师幼比	中幼儿数—低师幼比	低幼儿数—低师幼比

---

① 北京市人民政府. 北京市中长期教育改革和发展规划纲要（2010—2020 年）［EB/OL］.（2013-09-10）. https：//laws. ict. edu. cn/laws/gangyao/n20130910_ 5055. shtml.

3. 幼儿园经费需求量预测方法与数据来源

对北京市幼儿园经费需求量的预测假定经费总额与在园幼儿数成正比，采用《中国教育经费统计年鉴（2018）》发布的北京市幼儿园生均经费当前实际水平并假定不变，与在园幼儿数高、中、低三套方案交叉，进而获得北京市幼儿园未来30年经费需求量的三种水平。

（二）北京市幼儿园学位需求量预测分析

依据上述对北京市学龄前人口规模预测的三种方案，计算幼儿园适龄人口组规模，并在此基础上参照《北京市中长期教育改革和发展规划纲要（2010—2020年）》制定的99%毛入园率水平，对未来中长期北京市幼儿园学位需求规模做出高、中、低三种方案的预测分析。如图3-10所示，三种方案所预测的北京市幼儿园学位需求量的中长期变化趋势大体一致，呈"U"形。当前，随着"全面二孩"政策效应衰减，适龄幼儿及其学位需求量从2021年开始下降，2021年至2038年间逐年递减，2038年降至谷底，2039年开始逐渐增加，直至2050年基本回升到前20年的水平，但仍未超过2021年至2028年间幼儿园学位需求量。具体来看，首先，三种方案的谷底年均出现在2038年，学位需求量分别为31.40万人、26.68万人和22.04万人。其次，2038—2050年，"单独二孩""全面二孩"一代相继进入育龄期，北京市幼儿园学位需求逐年攀升，低、中两种方案均在2050年回升至2029—2030年间水平，分别为37.35万人和48.50万人，而高方案在2050年回升至2028—2029年间水平，达到后半程峰值，为60.58万人。

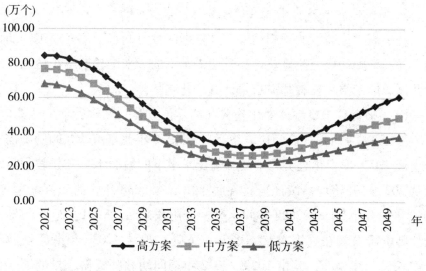

（万个）

图 3-10 2021—2050 年北京市幼儿园学位需求量变化趋势

（三）北京市幼教师资需求量预测分析

对北京市幼儿园师资需求量的预测以在园幼儿数的高、中、低三种方案为基础，并结合三种不同水平的师幼比，测算得出九种水平。教职工与专任教师师幼比当前实际水平依据北京市统计局发布的在园幼儿数、教职员工数、专任教师数①计算得出，前者为 1 : 5.86，后者为1 : 11.35，此即师幼比的中水平；教职工师幼比的高水平和低水平分别采用《幼儿园教职工配备标准（暂行）》② 中规定的高限标准 1 : 5、低限标准 1 : 7；专任教师师幼比的高水平和低水平则根据该规定中的保教人员师幼比标准，以及专任教师与保育员配比标准计算获得，分别为 1 : 10.5 和 1 : 13.5。

---

① 北京统计年鉴 2020 ［EB/OL］. http：//nj. tjj. beijing. gov. cn/nj/main/2020-tjnj/zk/in-dexch. htm.

② 教育部. 教育部关于印发《幼儿园教职工匹配标准（暂行）》的通知 ［EB/OL］.（2013－01－15）. http：//www. moe. gov. cn/srcsite/A10/s7151/201301/t20130115_147148. html.

1. 高学位方案下的北京市幼教师资需求量分析

基于高学位需求的预测结果，并依据三种不同水平的教职工师幼比与专任教师师幼比，测算获得高学位需求下的未来中长期各年份北京市幼儿园教职工与专任教师需求量及其变化趋势。

（1）师资需求量整体变化趋势（高学位方案）

如图3-11所示，高学位方案下，未来30年北京市幼儿园师资需求量呈现"U"形变化趋势，不同师幼比水平下的教职工与专任教师需求量从2021年开始均持续递减，谷底年出现在2038年，而后逐渐增加，2050年回升至2028—2029年间水平。分阶段来看，2021—2023年期间幼教师资需求量在高需求状态中略有下降；2024—2037年期间幼教师资需求量持续缩减，其中2029—2032年期间幼教师资需求量的缩减幅度较大，2038年触及谷底；2039年开始，幼教师资需求量又开始有所增加；2043—2047年期间北京市幼教师资需求量的增速较快；2050年又回升至2028—2029年间水平，达到后半程峰值。

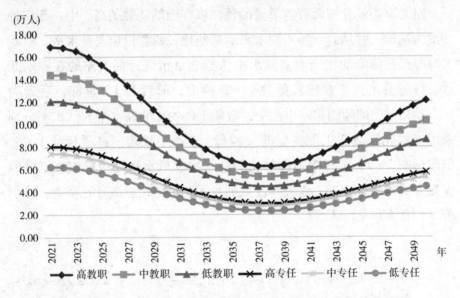

图3-11　高学位方案下2021—2050年北京市幼教师资需求量变化趋势

（2）不同师幼比水平下的教职工与专任教师需求量分析（高学位方案）

基于学位需求高方案，依据不同的师幼比参数设定，测算获得未来30年北京市幼儿园教职工与专任教师需求量的高、中、低三种水平（以下简称高教职、中教职、低教职，高专任、中专任、低专任），其呈现如下特点：①2021—2023年期间幼教师资需求量保持较高水平，此3年教职工需求量区间分别为12.06万～16.89万人（2021年）、12.01万～16.81万人（2022年）、11.80万～16.52万人（2023年），专任教师需求量区间分别为6.25万～8.04万人（2021年）、6.23万～8.01万人（2022年）、6.12万～7.87万人（2023年）。②2024—2038年期间师资需求量持续下降，该阶段中以2032年为分水岭，2024—2032年期间师资需求量呈现较快的下降速度，此后2033—2038年期间下降速度放缓。特别是2026—2032年期间师资需求量显著减少，以师幼比中水平为例，此7年每年的教职工需求量、专任教师需求量分别以7100～9200人和3700～4700人的幅度大幅缩减。③高方案中各水平师资需求量谷底年份出现在2038年。具体而言，教职工需求量的谷底值分别为6.28万人（高师幼比）、5.36万人（中师幼比）、4.49万人（低师幼比）；专任教师需求量的谷底值分别为2.99万人（高师幼比）、2.77万人（中师幼比）、2.33万人（低师幼比）。④2039—2050年期间师资需求量逐年回升，其中2039—2042年期间增幅较小，以师幼比中水平为例，教职工与专任教师需求量分别从2039年的5.47万人、2.82万人增至2042年的6.35万人、3.28万人。⑤2043—2050年期间增幅显著，2050年达到2038—2050年间最大师资需求量，且回升至2028—2029年间水平，三种师幼比水平下的教职工需求量和专任教师需求量分别达到12.12万人和5.77万人（高师幼比）、10.34万人和5.34万人（中师幼比）、8.65万人和4.49万人（低师幼比）。

2. 中学位方案下的北京市幼教师资需求量分析

基于中学位需求的预测结果，并依据三种不同水平的教职工师幼比与专任教师师幼比，测算获得中学位需求下的未来 30 年各年份北京市幼儿园教职工与专任教师需求量及其变化趋势。

（1）师资需求量整体变化趋势（中学位方案）

如图 3-12 所示，中学位方案下，不同师幼比水平下的北京市幼儿园教职工与专任教师需求量从 2021 年开始均持续递减，谷底年出现在 2038 年，而后逐渐增加，2050 年达到 2038—2050 年间最大师资需求量，且回升至 2028—2029 年间水平。分阶段来看，2021—2023 年期间幼教师资需求处在较高水平；2024—2036 年期间幼教师资需求量递减幅度增大，年缩减幅度在 4%～10% 之间；2037—2038 年期间需求量缩减幅度明显放缓，2038 年触及谷底；2039—2050 年期间需求量又开始增加，2050 年达到峰值。

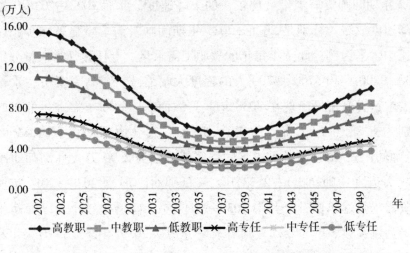

图 3-12 中学位方案下 2021—2050 年北京市幼教师资需求量变化趋势

（2）不同师幼比水平下的教职工与专任教师需求量分析（中学位方案）

基于学位需求中方案，依据不同的师幼比参数设定，测算获得未来 30 年北京市幼儿园教职工与专任教师需求量的高、中、低三种水平，其呈现如下特点：①2021—2023 年期间幼教师资需求量稳中略降，三种师幼比水平下的教职工需求量区间分别为 10.96 万～15.35 万人

（2021年）、10.88万～15.23万人（2022年）、10.64万～14.89万人（2023年），专任教师需求量区间分别为5.69万～7.31万人（2021年）、5.64万～7.25万人（2022年）、5.52万～7.09万人（2023年）。②2024—2036年期间师资需求量持续显著下降，特别是2027—2031年期间师资需求量以7%～10%的速度递减，以高教职为例，每年缩减的绝对量在8500～10 100人之间。③中学位方案下各水平师资需求量谷底年份出现在2038年。具体而言，教职工需求量的谷底值分别为5.34万人（高师幼比）、4.55万人（中师幼比）、3.81万人（低师幼比）；专任教师需求量的谷底值分别为2.54万人（高师幼比）、2.35万人（中师幼比）、1.98万人（低师幼比）。④2038—2050年期间师资需求量逐年回升，其中2042—2047年期间增幅尤为显著，年均增长率达6%。以师幼比中水平为例，教职工与专任教师需求量分别从2042年的5.34万人、2.76万人增至2047年的7.24万人、3.74万人。⑤2048—2050年期间增幅明显减缓，2050年达到峰值，三种师幼比水平下的教职工需求量与专任教师需求量分别达到9.70万人和4.62万人（高师幼比）、8.28万人和4.27万人（中师幼比）、6.93万人和3.59万人（低师幼比）。

3. 低学位方案下的北京市幼教师资需求量分析

基于低学位需求的预测结果，并依据三种不同水平的教职工师幼比与专任教师师幼比，测算获得低学位需求下的未来30年各年份北京市幼儿园教职工与专任教师需求量及其变化趋势。

（1）师资需求量整体变化趋势（低学位方案）

如图3-13所示，低学位方案下，不同师幼比水平下的教职工与专任教师需求量从2021年开始均持续递减，谷底年出现在2038年，而后逐渐增加，2050年达到未来2038—2050年间的师资最大需求量。分阶段来看，2021—2022年期间幼教师资需求保持在较高水平，增幅和降幅浮动在1%左右；2023—2037年期间幼教师资需求量递减幅度增大，年缩减幅度在3%～10%之间，特别是2027—2034年期间，每年师资需求量以8%～10%的速度缩减；2037年期间需求量继续减少，但缩减幅度明显放缓，2038 年触及谷底；2039—2050 年期间师资需求量又开始增加，增幅整体上较为平缓，2050 年达到峰值。

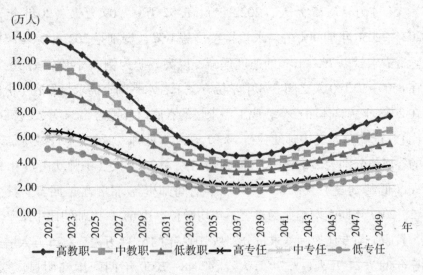

图 3-13 低学位方案下 2021—2050 年北京市幼教师资需求量变化趋势

（2）不同师幼比水平下的教职工与专任教师需求量分析（低学位方案）

基于学位需求低方案，依据不同的师幼比参数设定，测算获得未来30 年北京市幼儿园教职工与专任教师需求量的高、中、低三种水平，呈现如下特点：①2021—2022 年期间幼教师资需求量稳中略降，三种师幼比水平下的教职工需求量区间分别为 9.72 万～13.60 万人（2021年）、9.63 万～13.48 万人（2022 年），专任教师需求量区间分别为5.04 万～6.48 万人（2021 年）、4.99 万～6.42 万人（2022 年）。②2023—2037 年期间师资需求量下降幅度更加显著，特别是 2027—2034 年，每年师资需求量以 8%～10% 的速度递减，以高教职为例，其中 2027—2030 年期间平均年缩减量 8800 人以上，2038 年则减速放缓。③和中方案预测结果相同，低学位方案下各水平师资需求量谷底年份也出现在 2038 年。具体而言，教职工需求量与专任教师需求量的谷底值分别为 4.41 万人和 2.10 万人（高师幼比）、3.76 万人和 1.94 万人

（中师幼比）、3.15 万人和 1.63 万人（低师幼比）。④2039—2050 年期间师资需求量逐年回升，增幅较为平缓，除 2044—2046 年以 6% 的年增长率递增外，其余年份的增长率均在 5% 以下。⑤2050 年达到峰值，三种师幼比水平下的教职工需求量与专任教师需求量分别达到 7.47 万人和 3.56 万人（高师幼比）、6.37 万人和 3.29 万人（中师幼比）、5.34 万人和 2.77 万人（低师幼比）。

（四）北京市幼儿园经费需求量预测分析

1. 未来各年份北京市生均经费标准测算

本研究对生均经费标准参数的确定，主要依据《中国教育经费统计年鉴（2019）》发布的北京市幼儿园生均经费标准 46 222.54 元，并假定该生均经费水平保持不变，结合学位需求规模，测算未来幼儿园经费需求。

2. 北京市幼儿园经费需求量预测结果

根据对未来北京市幼儿园学位需求高、中、低三种方案的预测结果，并结合生均经费标准，可进一步测算出未来 30 年北京市幼儿园经费需求总量的三套方案（参见图 3-14）。

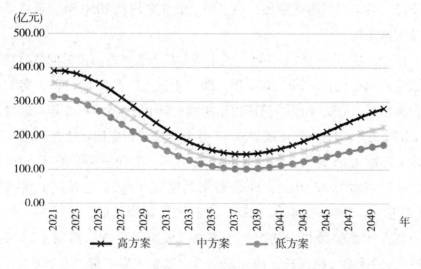

图 3-14　2021—2050 年北京市幼儿园经费需求量变化趋势

依据近年北京市幼儿园生均经费实际水平,并假定该水平稳定不变,测算得出的未来 30 年北京市幼儿园经费需求总量与幼儿园学位规模直接相关,中长期变化趋势也与未来学位规模预测的趋势基本吻合。2021 年后经费总量持续下降,2038 年经费总量降至谷底,经费需求量的谷底值分别为 145.15 亿元(高方案)、123.32 亿元(中方案)、101.87 亿元(低方案),而后又持续上升,高、中、低方案所预测的经费需求量均在 2050 年达到后半程的峰值,分别达到 280.04 亿元(高方案)、224.20 亿元(中方案)、172.65 亿元(低方案)。

四、未来中长期北京市学前教育需求变动的主要特点

基于学龄前人口预测的 2021—2050 年北京市学前教育需求主要呈现如下特点:

第一,从整体趋势上看,幼儿园学位需求、师资需求与经费需求在未来 30 年呈现 U 形变化趋势,以 2038 年为 U 形谷底,前半程需求量持续下降,后半程则逐渐增加,高、中、低方案均在 2050 年达到后半程的最大需求量。

第二,从重点时段上来看,前半程与后半程各有一段时期学前教育需求量大幅变化:2026—2030 年,即"十五五"期间的三种方案需求量预测结果以 6%~10% 的速度逐年递减,以中方案为例,5 年共缩减学位 23.71 万个,平均每年减少 4.74 万个学位;相应地,幼儿园教职工需求共缩减 4.05 万人,年均减少 0.81 万人,专任教师共缩减 2.09 万人,年均减少 0.42 万人,经费需求共缩减 109.58 亿元,年均减少 21.92 亿元。2044—2048 年则是后半程需求量增幅最为显著的一个时段,高方案增幅最快,其次是中方案。该阶段高方案需求量以每年 6%~7% 的速度大幅增长,幼儿园学位、教职工需求量(高教职)、专任教师需求量(高专任)及经费需求量的年均增量分别达到 3.11 万

个、0.62 万人、0.30 万人和 14.37 亿元。

第三，三种方案横向比较而言，首先，高方案预测由于采用高生育模式，受"全面二孩"政策影响更为凸显，且政策效应释放更加集中和前移，因而 2021—2025 年即"十四五"期间，高方案需求量仍保持相对较高的水平，其缩减幅度明显小于中、低方案，进入"十五五"时期后，三个方案需求量均快速减少。高、中、低方案谷底年份出现的时间均在 2038 年。其次，从后半程需求量的长期变化趋势来看，高、中、低方案的需求增长态势一直持续到 2050 年，均在 2050 年达到后半程需求量的峰值，且均低于 2021 年的水平，回升至 2028—2030 年间的水平。

第四章

上海市中长期学前教育需求预测

新中国成立以来，上海市的户籍人口及常住人口都呈现增长趋势。随着改革开放不断深化，上海市的户籍人口呈稳定净迁入态势，特别是2000年以来，年均人口净迁入10万人左右，户籍人口及常住人口的增长对学前教育的需求也会增加。本章先考察上海市人口发展基本特征以及预测上海市未来人口发展变化，并在预测结果的基础上探讨未来上海市学龄前人口发展变化，再据此对未来上海市中长期学前教育需求做出预测分析。

一、上海市人口发展基本特征

（一）上海市人口规模变动特征

新中国成立以来，无论是上海户籍人口还是常住人口都呈现增长态势。如表4-1所示，根据《2019年上海统计年鉴》数据，1953年上海户籍人口为615.24万人，2010年增长到1412.32万人，近60年间增加了近1.3倍。随着改革开放的不断深化，上海市城市建设和经济发展的需求使上海户籍人口迁移呈稳定净迁入态势。1993年以来上海户籍人口一直呈现自然负增长态势，人口迁入成为上海户籍人口增长的唯一来源。特别是2000年以来，户籍人口净迁入规模加大，年均人口净迁入

10万人左右，人口迁移弥补了人口自然负增长对上海户籍人口增长的减缓作用。上海户籍人口增长机制的转变，充分显示了上海移民城市的特征，也反映了世界城市及区域中心城市对人口持续吸引特征和城市化发展的必然趋势。

表4-1 上海市常住人口及户籍人口规模变动

年份	户籍人口（万人）	常住人口（万人）	户籍占常住比（%）
1953	615.24	620.44	99.16
1964	1086.22	1081.65	100.42
1982	1180.51	1185.97	99.54
1990	1283.35	1334.19	96.19
2000	1321.63	1640.77	80.55
2010	1412.32	2301.92	61.35
2011	1419.36	2347.46	60.46
2012	1426.93	2380.43	59.94
2013	1432.34	2415.15	59.31
2014	1429.26	2425.68	58.92
2015	1442.97	2415.27	59.74
2016	1450.00	2419.70	59.92
2017	1455.13	2418.33	60.17
2018	1462.38	2423.78	60.33

（资料来源：上海市历次人口普查数据、《2019年上海统计年鉴》。）

上海市常住人口增长幅度显著高于户籍人口，到2018年已达2423.78万人，比2000年增长了47.7%。上海市常住人口规模快速增长，显然是由非户籍人口迁移增长引起。随着浦东开放，上海市经济实力逐步增强，就业需求增大，对外来人口吸引力日益增强，外来人口迁移日趋活跃。人口流动或常住人口迁移构成上海市常住人口增长的主要来源。外来常住人口占全市常住人口的比重由1990年的不足5%，提高到2000年约1/4，2010年外来常住人口规模快速增长到近900万人，比重提高到近40%。20世纪90年代后期以来，上海市外来流动人口常住化趋势日趋明显。2000年人口普查显示上海市常住外来人口中离开户口所在地5年以上的达到70.2万人，占外来常住人口的23%；2010年这一数字提高到300万人，比重则达到1/3，外来人口稳定性逐渐增强。

上海是中国最发达的城市之一，也是全国最早提倡和实施计划生育政策的地区，因此其人口转变受经济发展水平、计划生育政策及婚育观念变化的多重影响，表现出率先、快速实现的显著特点。新中国成立之初，上海户籍人口总和生育率处于较高水平（在5左右），20世纪60年代降低到3左右。1971年开始，上海户籍人口总和生育率已经降低到更替水平以下，到20世纪90年代，则进一步进入超低生育水平区间，持续在1左右小幅波动。连续20年超低生育水平，说明未来即使有生育政策的调整，上海户籍人口生育水平出现大幅度反弹的可能性也不高（如图4-1）。[①]

图4-1　上海市户籍人口总和生育率（1978—2018年）

（二）上海市人口年龄结构变动特征

伴随上海市人口转变的日益深入，以及人口预期寿命的延长，上海

[①]　上海人口和计划生育委员会，《上海市人口与计划生育统计资料汇编（1949—2000）》，2000年以后数据来源于上海市人口计生委、卫健委统计报表。

市出现人口出生率降低引起的底部老龄化，以及人口预期寿命延长引起的顶部老龄化共存的急速老化发展态势，由此成为全国人口老龄化最严重的城市。伴随计划生育政策的调整和对人口迁移控制政策的逐步放开，上海市人口老龄化趋势在一定程度上将有所缓和，但由于受现有年龄结构及其变动惯性的影响，在未来二三十年仍将处于快速发展时期，老龄化水平将会进一步提高。

1. 上海市常住人口年龄结构特征

2010 年人口普查数据显示，上海市常住人口年龄结构呈现 15～64 岁劳动年龄人口庞大、65 岁及以上老年人口以及 14 岁及以下少儿人口较少的两头尖中间粗的纺锤形结构（参见图 4-2）。

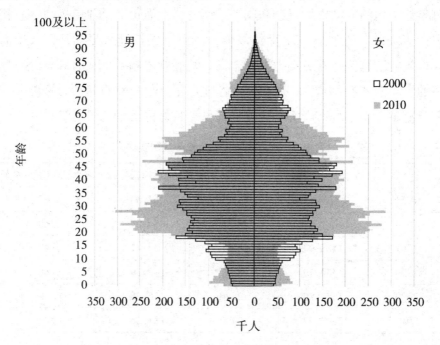

图 4-2　2000 年与 2010 年上海常住人口金字塔①

上海市人口年龄结构变动具有比较稳定的发展趋势，呈现以下几方

---

① 2000 年、2010 年人口普查数据。

面主要特征：第一，如表 4-2 所示，改革开放以来，上海市人口老龄化水平不断提高，1982 年 65 岁及以上人口的比重为 7.43%，到 2000 年提高到 11.46%，8 年间上升 4 个百分点，2010 年老龄化程度有所减缓，但也在 10% 以上。2000 年以来，上海市外来人口剧增，使 2010 年上海市 20~35 岁青壮年劳动力快速扩张，人口年龄结构整体呈现年轻化趋势。这一变动趋势一定程度上缓解并逆转了 2000 年以来上海市人口老龄化逐步加剧的发展趋势。第二，人口普查数据显示，1982—1990 年上海市 0~14 岁少儿人口比重为 18% 左右，但到 2000 年快速降低为 12.26%，2010 年进一步下降到 8.61%。这说明 20 世纪八九十年代，上海出现了老龄化与少子化"二元"同时推进的现象，显示出上海市人口年龄结构的变动更加复杂和剧烈。第三，上海市劳动年龄人口一直稳定在 70% 以上的水平，21 世纪以来，上海市人口迁入更为活跃，上海人口年龄结构保持着劳动力资源丰富、社会抚养指数低、有利于经济发展的"黄金年龄结构"。单从年龄结构上看，上海市的劳动力资源一直十分富足，为上海市经济社会发展提供了良好的劳动力资源条件。

表 4-2　上海市常住人口年龄结构变动[1]

年份	合计（万）	0~14 岁（%）	15~64 岁（%）	65 岁及以上（%）
1953	620.44	33.03	65.00	1.97
1964	1081.63	42.31	54.09	3.60
1982	1185.97	18.16	74.41	7.43
1990	1334.19	18.23	72.39	9.38
2000	1640.80	12.26	76.28	11.46
2010	2301.92	8.61	81.26	10.13

（资料来源：根据历年人口普查数据计算得出。）

上海市人口的老龄化在未来二三十年仍将迅速发展，老龄化水平将会进一步提高。从 21 世纪开始，双独子女陆续进入生育年龄，"双独二

---

[1] 根据历年人口普查数据计算。

孩"政策可能使生育率略有回升，人口迁移的控制也有所缓和。应该说，这些改革措施都将在一定程度上缓和上海市人口的老龄化趋势。但由于生育观念现代化的影响日益深入，以及上海市放宽迁移政策的力度较小，上海市未来的人口老龄化趋势受到现有年龄结构及其变动惯性的影响更大，未来人口的老龄化仍将迅速发展。估计到 21 世纪三四十年代，上海市将可能跨入人口老龄化水平 25% 以上的"高龄社会"，进入人口老龄化高峰期。

2. 上海市外来常住人口年龄结构及其对上海人口老龄化的影响

上海外来常住人口的年龄结构与户籍人口年龄结构截然不同（参见图 4-3、图 4-4 和表 4-3）。长期以来上海市外来人口的主体是劳动年龄人口，外来常住人口多集中在 15~64 岁劳动适龄年龄，特别是 15~30 岁。2000 年上海市外来常住人口中 15~64 岁劳动适龄人口占 86.52%，2010 年上升到 90% 以上；65 岁以上老年人口比重非常低，仅占 1% 左右。

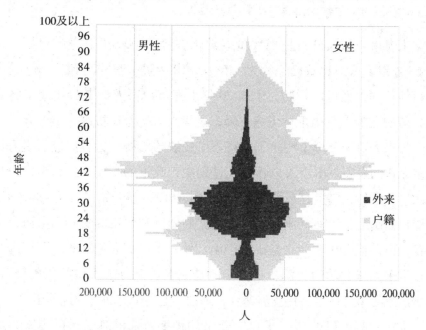

图 4-3　2000 年上海户籍常住人口及外来常住人口年龄结构

（资料来源：根据 2000 年人口普查数据整理。）

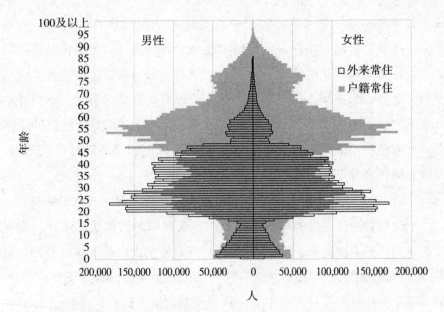

图 4-4　2010 年上海户籍常住人口及外来常住人口年龄结构

（资料来源：根据 2010 年人口普查数据整理。）

上海市户籍人口则呈现严重老龄化态势。2000 年上海市户籍人口中 65 岁以上人口比重已经约为 14%，2010 年进一步提高到约 16%。由人口增长的惯性可以判断，未来 20 年上海市户籍人口老龄化速度将更快，劳动适龄人口比重将迅速下降，老年人口抚养比将进一步上升。

外来人口为上海市注入了城市不可或缺的发展活力，促进了上海社会多元化的发展。由于人口转变及计划生育政策的长期实施，上海市户籍人口与常住人口生育率均持续下降，并从 1993 年开始先后呈现负增长；而受户籍制度、劳动就业等人口迁移控制体制和政策的影响，上海市的户籍人口迁移也几乎一直是小进小出。外来人口的大量流入，不仅为上海市带来大量劳动力资源，更重要的是改善了上海市人口的年龄结构，延缓了上海市人口老龄化发展速度，减轻了上海市劳动力的抚养压力。

上海户籍人口的"少子化"及平均预期寿命的延长，已带来户籍人口呈底部少子化和顶部老龄化的双重压力，使上海市户籍人口和劳动力的老龄化趋势日益加剧。在这种情况下，外来人口的入迁使上海市常住人口和劳动力的高龄化趋势及年龄结构得到很大程度的缓解和改善。从表4-3可见，外来人口对缓解上海市人口、劳动力年龄结构的高龄化产生了积极影响，其替代性迁移的作用可降低上海市总抚养系数，缓解上海市人口、劳动力的高龄化程度，延长人口"红利"时间，增加城市税收和社会保障金的积累，减轻城市发展的社会负担。

表4-3　2000年与2010年外来人口对缓解上海人口、劳动力高龄化的作用

年龄	2000年			2010年		
	户籍常住（%）	外来常住（%）	常住人口（%）	户籍常住（%）	外来常住（%）	常住人口（%）
0~14岁	12.46	12.38	12.44	8.67	8.53	8.61
15~64岁	73.65	86.52	76.06	75.54	90.20	81.26
15~29岁	19.54	44.20	24.15	19.05	40.52	27.42
30~44岁	26.93	32.67	28.00	19.12	36.12	25.75
45~59岁	23.05	8.74	20.37	30.13	12.21	23.14
60~64岁	4.13	0.91	3.53	7.25	1.34	4.95
65岁及以上	13.90	1.10	11.50	15.79	1.27	10.13
老年抚养比	18.87	1.27	21.48	20.91	1.40	12.46
总抚养比	35.78	15.58	38.49	32.38	10.86	23.06

（资料来源：上海市2000年、2010年人口普查数据。）

二、上海市人口发展预测的主要结果

（一）上海市人口预测的参数假定

采用队列要素法通过年龄移算预测到2030年上海市人口规模及结构。预测以2015年1%人口抽样调查数据、上海市统计局发布常住人口数据为基础数据。根据现有数据、必要性以及上海市未来人口变动的可能趋势，对上海市未来人口变动主要设定了高、中、低三种生育模式，

一种死亡模式，以及高、中、低三种迁移模式，并据此设计了高生育高迁移、中生育中迁移、低生育低迁移三种组合的预测方案。

1. 生育模式假定

如前所述，新中国成立以来上海市妇女生育水平一直处于下降状态，进入20世纪80年代末期以后，上海市的出生率降至10‰以下，总和生育率也下降到1左右甚至1以下。2010年人口普查显示，上海市总和生育率已跌至0.73，说明上海市的人口转变在20世纪90年代初期前后即跨入人口转变的新阶段——以超低生育率甚至自然负增长为主要特征的第二人口转变。考察上海市常住人口生育模式可见，如图4-5所示，上海常住人口生育峰值年龄后移，由2000年的24岁推迟到2010年的28岁；峰值生育水平也降低了近一半，2010年28岁育龄妇女生育率降低到67‰；生育高峰期宽度略有增加。上海人口的生育水平降低、生育模式转变，受经济发展水平、生育观念转变及计划生育政策的多重影响，具有与发达国家生育率下降的相似特点，借鉴西方发达国家生育水平变动的趋势，上海市即使调整放宽生育政策，其生育率也难以出现较大反弹。

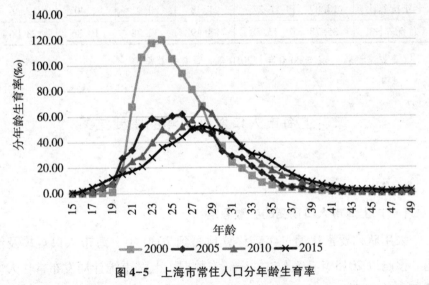

图4-5 上海市常住人口分年龄生育率

（资料来源：根据2000年、2005年、2010年和2015年上海市人口普查数据计算。）

综合人口普查及卫健委公布的总和生育率数据并考量各种因素的影响，本预测设定了高、中、低三种生育水平，并假定未来上海常住人口年龄别生育模式保持上海市 2010 年及 2015 年平均模式不变，由此得出高、中、低三种年龄别生育模式。

如表 4-4 所示，在三个假定方案中，低生育方案略高于 2010 年生育水平，该方案假定总和生育率在 2025 年提高至 1.0；中生育方案中，总和生育率从 2010 年开始逐步升高，由于双独子女进入生育高峰期，总和生育率在 2025 年前后升高到 1.1；高生育方案总和生育率的变动轨迹与中方案类似，只是上升速度较快、相对水平更高一些，如该方案总和生育率在 2025 年即上升到 1.2 的水平。以上三个方案反映的生育水平有所差异，但总体上而言均维持在一个较低的水平上，距离更替水平尚有较大差距。出生性别比以 108 作为预测值。

表 4-4 上海市常住人口总和生育率假定

年份	高方案	中方案	低方案
2021	1.12	1.06	0.96
2022	1.14	1.07	0.97
2023	1.16	1.08	0.98
2024	1.18	1.09	0.99
2025	1.20	1.10	1.00
2026	1.21	1.11	1.01
2027	1.22	1.12	1.02
2028	1.23	1.13	1.03
2029	1.24	1.14	1.04
2030	1.25	1.15	1.05
2031	1.26	1.16	1.06
2032	1.27	1.17	1.07
2033	1.28	1.18	1.08
2034	1.29	1.19	1.09
2035—2050	1.30	1.20	1.10

2. 平均预期寿命假定

未来平均预期寿命也是进行人口预测需要设定的基本指标之一。本预测所采用的上海市未来人口的平均预期寿命值，主要是根据上海市人口平均预期寿命以往的变化趋势建立预测模型，求得上海市未来人口平均预期寿命的初步假定值。

从以往平均预期寿命变化趋势来看，上海市人口平均预期寿命呈稳定上升趋势。1951 年上海市男性平均预期寿命为 42.00 岁、女性为 45.56 岁，到 2018 年男女平均预期寿命分别增长至 81.25 岁和 86.08 岁。① 目前，上海市人口平均预期寿命居世界前列，而且已经与平均预期寿命最长的日本非常接近。考察上海市人口预期寿命年增长率可以发现，1990 年以来，上海市人口平均预期寿命变动相对比较平稳，年均增长率接近 0.4%，同时随着平均预期寿命越来越长，其增长速度缓慢稳定下降（参见表 4-5 和图 4-6）。

表 4-5 上海市户籍人口平均预期寿命年均增长率（%）

阶段	总人口	男性	女性
1980—1985	0.26	0.25	0.27
1985—1990	0.32	0.28	0.36
1990—1995	0.15	0.26	0.06
1995—2000	0.71	0.69	0.72
2000—2005	0.34	0.31	0.38
2005—2010	0.49	0.49	0.50
2010—2015	0.15	0.16	0.15
2015—2018	0.35	0.32	0.39
1990—2018	0.37	0.38	0.36
2000—2018	0.33	0.32	0.35
2010—2018	0.23	0.22	0.24

（资料来源：根据《上海统计年鉴（2018 年）》相关数据计算。）

---

① 2019 年上海市统计年鉴。

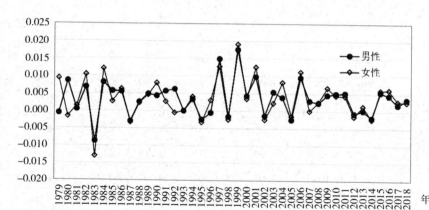

图 4-6 1979—2018 年上海市户籍人口平均预期寿命年均增长率变化

（资料来源：根据《上海统计年鉴（2018年）》相关数据计算。）

考虑到人口寿命增长的有限度性，上海市未来人口寿命延长速度将逐渐减慢。本研究假定，上海市人口平均预期寿命在 2019—2030 年仍然继续按照上海市人口平均预期寿命 0.25% 的速度增长，2030 年男性和女性平均预期寿命分别达到 83.72 岁和 88.70 岁。随后增长速度逐渐减慢，2030—2040 年降低为年均增长 0.2%，2040—2050 年降低为 0.15%。按照这一假定，上海男性和女性人口平均预期寿命在 2040 年分别达到 85.41 岁和 90.49 岁，2050 年分别达到 86.70 岁和 91.85 岁（参见表 4-6）。

表 4-6 上海市人口未来平均预期寿命的假定 （单位：岁）

年份	男性	女性	差值：女—男	年份	男性	女性	差值：女—男
2021	81.86	86.73	4.87	2036	84.73	89.77	5.04
2022	82.07	86.94	4.88	2037	84.90	89.95	5.05
2023	82.27	87.16	4.89	2038	85.07	90.13	5.06
2024	82.48	87.38	4.90	2039	85.24	90.31	5.07
2025	82.68	87.60	4.92	2040	85.41	90.49	5.08
2026	82.89	87.82	4.93	2041	85.54	90.62	5.08
2027	83.10	88.04	4.94	2042	85.67	90.76	5.09

年份	男性	女性	差值：女—男	年份	男性	女性	差值：女—男
2028	83.30	88.26	4.95	2043	85.80	90.90	5.10
2029	83.51	88.48	4.96	2044	85.92	91.03	5.11
2030	83.72	88.70	4.98	2045	86.05	91.17	5.12
2031	83.89	88.88	4.99	2046	86.18	91.31	5.12
2032	84.06	89.05	5.00	2047	86.31	91.44	5.13
2033	84.22	89.23	5.01	2048	86.44	91.58	5.14
2034	84.39	89.41	5.02	2049	86.57	91.72	5.15
2035	84.56	89.59	5.03	2050	86.70	91.85	5.15

3. 迁移模式假定

（1）上海市人口净迁移强度及模式

近20年上海常住人口增长主导力量是外来人口迁入。外来人口迁移强度、分年龄迁移模式等变化特征是影响未来上海人口规模、结构变动的决定性因素。美国人口学家罗杰斯提出的迁移人口年龄表模型为上海未来人口迁移模式假定提供了重要理论依据。

依据上海市2000年、2005年及2010年人口普查数据得出上海常住人口分年龄迁移率，可发现上海市迁移人口年龄模型与罗杰斯迁移人口年龄表模型十分相似。如图4-7所示，比较不同普查时点上海常住人口分年龄净迁入率可发现，总体而言，上海人口净迁入率在几乎所有年龄段都呈现不断提高的趋势。同时，人口分年龄迁移模式发生深刻变动，迁移峰值的宽度不断加宽，由1995—2000年的20~29岁年龄段，扩展为2010年的15~44岁年龄段。

（2）迁移方案假定

受到全球经济增长放缓的影响，中国及上海市未来经济增长速度也将放缓，对就业岗位的带动效应减弱；未来产业特别是第二产业向外转移扩散将持续；未来上海劳动力需求将减弱，进而外来人口迁入的强度也将随之减弱。综上，本研究以 2010 年人口普查获得的上海市常住人口年平均年龄别净迁移率为基础，设定高、中、低三种强度迁移模式，分年龄净迁移模式与之相同，只是迁移水平有差异（参见表 4-7）。

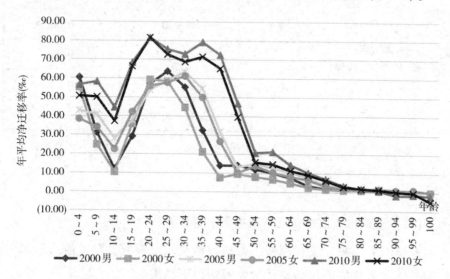

图 4-7 上海市分性别年龄常住人口年平均净迁移率（‰）

（资料来源：上海市 2000 年、2005 年和 2010 年人口普查数据。）

表 4-7 上海市常住人口预测的生育、迁移参数设定

方案	生育率	时期	迁移率（倍）
低方案 （低生育率—低迁移率）	低	2011—2015	0.15
		2016—2020	0.10
		2021—2030	0.10
		2031—2050	0.10
中方案 （中生育率—中迁移率）	中	2011—2015	0.25
		2016—2020	0.20
		2021—2030	0.25
		2031—2050	0.25

方案	生育率	时期	迁移率（倍）
高方案 （高生育率—高迁移率）	高	2011—2015	0.25
		2016—2020	0.25
		2021—2025	0.30
		2026—2040	0.35
		2041—2050	0.30

（注：迁移率以2000—2010年年均净迁移为基准，数值表示未来各方案净迁移强度是基准净迁移率的倍数。）

（二）上海市人口规模及结构主要预测结果

根据以上预测方法和模型、人口数据及假定参数，对上海市未来中长期人口发展趋势进行预测，主要得到以下结果。

1. 上海市常住人口规模预测结果

上海未来常住人口规模的预测结果，如表4-8所示。在三个预测方案中，常住人口规模中高方案呈持续增长趋势，但中方案和低方案呈先增加后减少的趋势。具体来看，根据高方案预测结果，上海常住人口规模到2040年增长到约3011万人；根据中方案预测结果，上海常住人口规模到2030年将增长到约2734万人，但2049年之后，人口规模开始呈下降趋势；根据低方案预测结果，上海常住人口规模到2026年达到峰值约2501万人，但在2026年之后，人口规模开始呈下降趋势，并在2050年回落到2011—2012年的水平。

"全面二孩"政策调整引起的出生人口增加效应正在随时间推移而弱
化，2021 年上海市学龄前人口在经历了前几年的持续增加后，开始逐
年下降，2033—2034 年触及谷底，而后再次稳步增加，但高、中、低
方案在 2048—2050 年间发展趋势不相同，高方案在 2050 年达到峰值约
213 万人，中方案和低方案分别在 2048 年、2047 年达到后半程峰值约
142 万人、约 97 万人后，开始呈下降趋势。也就是说，上海市学龄前
人口规模在未来 30 年的前半程持续递减，后半程则逐渐增加。高方案
中假定"全面二孩"政策具有较强的生育刺激效应而采取了高生育模
式参数，其对学龄前人口规模的扩张效应也更加持久，因而其峰值年份
出现的时间晚于中、低方案（参见表 4-10 至表 4-12）。

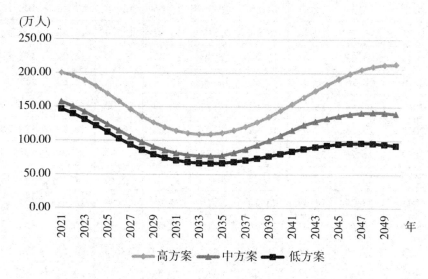

图 4-9 上海市学龄前人口规模变动趋势（2021—2050 年）

表 4-10 上海市学龄前人口规模预测结果（高方案）（单位：万人）

年份	0 岁	1 岁	2 岁	3 岁	4 岁	5 岁	6 岁	合计
2021	24.78	27.23	28.63	29.54	30.08	30.06	29.59	199.91
2022	22.80	25.26	27.74	29.15	30.06	30.45	30.37	195.84
2023	20.82	23.25	25.76	28.26	29.68	30.43	30.77	188.97
2024	19.05	21.24	23.71	26.27	28.78	30.05	30.75	179.84

年份	0 岁	1 岁	2 岁	3 岁	4 岁	5 岁	6 岁	合计
2025	17.53	19.43	21.67	24.18	26.77	29.15	30.37	169.09
2026	16.30	17.94	19.89	22.17	24.72	27.18	29.51	157.71
2027	15.37	16.67	18.36	20.35	22.67	25.11	27.54	146.07
2028	14.74	15.72	17.06	18.79	20.81	23.03	25.44	135.58
2029	14.36	15.07	16.08	17.45	19.21	21.14	23.34	126.64
2030	14.21	14.67	15.41	16.44	17.84	19.51	21.42	119.50
2031	14.24	14.52	15.00	15.75	16.80	18.12	19.77	114.20
2032	14.52	14.55	14.83	15.33	16.09	17.06	18.36	110.74
2033	15.04	14.83	14.86	15.15	15.65	16.34	17.28	109.16
2034	15.75	15.36	15.14	15.17	15.47	15.89	16.55	109.32
2035	16.63	16.07	15.68	15.46	15.49	15.70	16.09	111.11
2036	18.26	16.97	16.40	16.00	15.77	15.71	15.89	115.01
2037	19.54	18.62	17.32	16.74	16.32	16.00	15.90	120.43
2038	20.88	19.93	18.98	17.67	17.07	16.55	16.19	127.26
2039	22.26	21.30	20.33	19.35	18.01	17.30	16.74	135.30
2040	23.77	22.71	21.73	20.73	19.72	18.26	17.50	144.42
2041	25.29	24.17	23.10	22.10	21.07	19.94	18.44	154.12
2042	26.50	25.73	24.59	23.50	22.46	21.32	20.13	164.23
2043	27.56	26.96	26.17	25.01	23.89	22.73	21.53	173.85
2044	28.43	28.05	27.44	26.62	25.43	24.17	22.95	183.07
2045	29.05	28.93	28.54	27.91	27.06	25.72	24.40	191.62
2046	29.39	29.57	29.45	29.04	28.38	27.37	25.98	199.17
2047	29.46	29.92	30.10	29.97	29.53	28.72	27.64	205.34
2048	29.25	30.00	30.47	30.63	30.48	29.89	29.00	209.72
2049	28.82	29.79	30.55	31.01	31.16	30.85	30.19	212.38
2050	28.17	29.36	30.35	31.10	31.55	31.54	31.16	213.24

表4-11　上海市学龄前人口规模预测结果（中方案）　（单位：万人）

年份	0岁	1岁	2岁	3岁	4岁	5岁	6岁	合计
2021	18.25	20.03	21.63	22.95	24.10	24.89	25.31	157.16
2022	16.77	18.53	20.33	21.95	23.29	24.37	25.14	150.39
2023	15.30	17.03	18.82	20.64	22.28	23.56	24.62	142.25
2024	13.98	15.54	17.30	19.11	20.96	22.53	23.81	133.22
2025	12.85	14.20	15.78	17.57	19.41	21.20	22.77	123.78
2026	11.92	13.05	14.42	16.03	17.84	19.64	21.43	114.33
2027	11.19	12.10	13.26	14.65	16.28	18.05	19.85	105.39
2028	10.71	11.37	12.29	13.46	14.87	16.48	18.25	97.43
2029	10.39	10.87	11.54	12.48	13.67	15.06	16.66	90.67
2030	10.25	10.55	11.03	11.71	12.67	13.84	15.22	85.27
2031	10.23	10.40	10.70	11.19	11.89	12.82	13.99	81.23
2032	10.38	10.38	10.55	10.86	11.36	12.03	12.96	78.52
2033	10.67	10.52	10.53	10.70	11.02	11.49	12.16	77.10
2034	11.07	10.82	10.67	10.68	10.86	11.15	11.62	76.86
2035	11.57	11.23	10.97	10.82	10.83	10.98	11.26	77.66
2036	14.65	11.73	11.38	11.12	10.97	10.95	11.09	81.90
2037	15.45	14.81	11.89	11.54	11.28	11.10	11.06	87.12
2038	16.23	15.66	14.98	12.05	11.70	11.40	11.21	93.23
2039	16.99	16.46	15.87	15.15	12.22	11.82	11.51	100.02
2040	17.78	17.22	16.68	16.08	15.32	12.35	11.94	107.38
2041	18.56	18.03	17.46	16.91	16.30	15.46	12.47	115.18
2042	19.08	18.82	18.28	17.70	17.14	16.47	15.58	123.06
2043	19.49	19.35	19.08	18.52	17.94	17.32	16.62	128.32
2044	19.74	19.76	19.62	19.34	18.78	18.13	17.48	132.86
2045	19.82	20.02	20.04	19.89	19.60	18.98	18.31	136.67
2046	19.72	20.11	20.31	20.32	20.17	19.81	19.16	139.60
2047	19.44	20.01	20.40	20.60	20.61	20.39	20.00	141.44

年份	0 岁	1 岁	2 岁	3 岁	4 岁	5 岁	6 岁	合计
2048	19.00	19.73	20.30	20.69	20.89	20.83	20.59	142.01
2049	18.44	19.28	20.02	20.59	20.98	21.12	21.03	141.46
2050	17.78	18.72	19.57	20.31	20.88	21.22	21.32	139.79

表 4-12　上海市学龄前人口规模预测结果（低方案）　（单位：万人）

年份	0 岁	1 岁	2 岁	3 岁	4 岁	5 岁	6 岁	合计
2021	17.21	18.90	20.67	21.42	22.36	23.00	23.15	146.71
2022	15.63	17.29	19.00	20.77	21.53	22.44	23.08	139.74
2023	14.10	15.70	17.38	19.10	20.88	21.61	22.52	131.29
2024	12.77	14.17	15.79	17.47	19.20	20.96	21.69	122.05
2025	11.66	12.84	14.25	15.87	17.57	19.28	21.03	112.49
2026	10.75	11.72	12.90	14.33	15.96	17.64	19.35	102.64
2027	10.06	10.80	11.78	12.97	14.40	16.02	17.70	93.74
2028	9.59	10.11	10.86	11.85	13.04	14.46	16.08	85.99
2029	9.29	9.64	10.16	10.92	11.91	13.10	14.51	79.52
2030	9.14	9.33	9.69	10.21	10.97	11.96	13.14	74.45
2031	9.09	9.18	9.38	9.74	10.27	11.02	12.00	70.67
2032	9.19	9.13	9.23	9.43	9.79	10.31	11.06	68.13
2033	9.42	9.23	9.18	9.27	9.47	9.83	10.34	66.74
2034	9.73	9.46	9.28	9.22	9.32	9.51	9.86	66.37
2035	10.10	9.77	9.51	9.32	9.27	9.35	9.54	66.87
2036	10.97	10.15	9.82	9.55	9.37	9.30	9.38	68.54
2037	11.47	11.02	10.20	9.86	9.60	9.40	9.33	70.88
2038	11.97	11.52	11.07	10.24	9.91	9.63	9.43	73.78
2039	12.43	12.02	11.57	11.12	10.29	9.94	9.66	77.04
2040	12.90	12.48	12.08	11.63	11.17	10.33	9.98	80.56
2041	13.39	12.96	12.54	12.14	11.68	11.20	10.36	84.28

续表

年份	0岁	1岁	2岁	3岁	4岁	5岁	6岁	合计
2042	13.63	13.45	13.02	12.60	12.19	11.72	11.24	87.86
2043	13.80	13.70	13.52	13.08	12.66	12.24	11.76	90.75
2044	13.84	13.86	13.76	13.58	13.14	12.71	12.27	93.17
2045	13.76	13.91	13.93	13.83	13.64	13.19	12.75	95.00
2046	13.56	13.83	13.98	13.99	13.89	13.69	13.23	96.17
2047	13.24	13.62	13.90	14.04	14.06	13.94	13.73	96.54
2048	12.82	13.30	13.69	13.96	14.11	14.11	13.99	95.99
2049	12.33	12.88	13.37	13.76	14.03	14.16	14.16	94.69
2050	11.78	12.39	12.94	13.44	13.83	14.08	14.21	92.66

三、上海市学前教育需求中长期预测分析

（一）上海市学前教育需求预测的参数假定

1. 幼儿园学位需求量预测方法与数据来源

依据学龄前人口规模预测结果，并参照《上海市学前教育三年行动计划（2019—2021年）》中制定的"符合条件的常住人口适龄幼儿学前三年毛入园率达到99%"的入园率目标①，推算出未来中长期上海市在园幼儿规模及其变化趋势，分为高、中、低三个方案。

2. 幼儿园师资需求量预测方法与数据来源

对上海市幼儿园师资需求量的预测包括两部分，一是教职工需求量，二是专任教师需求量，二者均以在园幼儿数的高、中、低三种方案

---

① 上海市教育委员会等12部门. 上海市学前教育三年行动计划（2019—2021年）[EB/OL]. (2019-11-08) [2020-01-02]. http://edu.sh.gov.cn/html/article/201911/103622.html.

预测值为基础，并结合三种不同水平的师幼比，两项指标在不同水平上交叉计算，进而获得2021—2050年上海市师资需求量的九套预测结果（参见表4-13）。具体而言，教职工与专任教师师幼比当前实际水平（低水平）可依据上海市统计局发布的在园幼儿数、教职员工数、专任教师数计算得出；教职工与专任教师师幼比的高、中水平分别参照我国《幼儿园教职工配备标准（暂行）》中规定的全日制幼儿园师幼比高限标准与低限标准而确定。

表4-13 上海市幼儿园师资需求量预测方案

	在园幼儿数高方案	在园幼儿数中方案	在园幼儿数低方案
师幼比高水平	高幼儿数—高师幼比	中幼儿数—高师幼比	低幼儿数—高师幼比
师幼比中水平	高幼儿数—中师幼比	中幼儿数—中师幼比	低幼儿数—中师幼比
师幼比低水平	高幼儿数—低师幼比	中幼儿数—低师幼比	低幼儿数—低师幼比

3. 幼儿园经费需求量预测方法与数据来源

对上海市幼儿园经费需求量的预测假定经费总额与在园幼儿数成正比，采用《中国教育经费统计年鉴（2018）》发布的上海市幼儿园生均经费当前实际水平并假定不变，与上海市在园幼儿数高、中、低三套方案交叉，进而获得上海市幼儿园未来30年经费需求量的三种水平。

（二）上海市幼儿园学位需求量预测分析

依据上述对上海市学龄前人口规模预测的三种方案，计算幼儿园适龄人口组规模，并在此基础上参照《上海市学前教育三年行动计划（2019—2021年）》制定的99%毛入园率水平，对未来30年上海市幼儿园学位需求规模做出高、中、低三种方案的预测分析。如图4-10所示，三种方案所预测的上海市幼儿园学位需求量的中长期变化趋势大体一致，呈"U"形。当前，随着"全面二孩"政策效应衰减，适龄幼儿及其学位需求在未来15年逐年递减，2035年开始逐渐增加，直至2048—2050年期间达到未来30年间后半程幼儿园学位的最大需求量。

具体来看，首先，三种方案的谷底年出现在 2034—2035 年，其中高方案的谷底年份出现在 2034 年，学位需求量为 46.07 万人，中、低方案的谷底年则均在 2035 年，学位需求量分别为 32.31 万人和 27.66 万人。其次，2035—2050 年，"单独二孩""全面二孩"一代相继进入育龄期，上海市幼儿园学位需求逐年攀升，低、中、高三种方案将分别于 2048 年（41.77 万人）、2049 年（62.06 万人）和 2050 年（93.26 万人）达到后半程幼儿园学位需求的最大值。

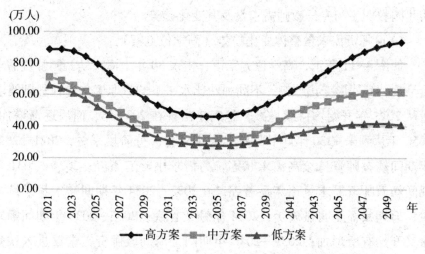

图 4-10　2021—2050 年上海市幼儿园学位需求量变化趋势

（三）上海市幼教师资需求量预测分析

对上海市幼儿园师资需求量的预测以在园幼儿数的高、中、低三种方案为基础，并结合三种不同水平的师幼比，测算得出九种水平。教职工与专任教师师幼比当前实际水平依据上海市统计局发布的在园幼儿数、教职员工数、专任教师数①计算得出，前者为 1∶8.6，后者为 1∶14.3，此即师幼比的低水平；教职工师幼比的高水平和中水平分别

---

① 上海市统计局，国家统计局上海调查总队．上海统计年鉴：2018 [Z]．北京：中国统计出版社，2018.

采用《幼儿园教职工配备标准（暂行）》[①] 中规定的高限标准 1：5、低限标准 1：7；专任教师师幼比的高水平和中水平则根据该规定中的保教人员师幼比标准，以及专任教师与保育员配比标准计算获得，分别为 1：10.5 和 1：13.5。

1. 高学位方案下的上海市幼教师资需求量分析

基于高学位需求的预测结果，并依据三种不同水平的教职工师幼比与专任教师师幼比，测算获得高学位需求下的未来 30 年各年份上海市幼儿园教职工与专任教师需求量及其变化趋势。

（1）师资需求量整体变化趋势（高学位方案）

如图 4-11 所示，高学位方案下，未来 30 年上海市幼儿园师资需求量呈现"U"形变化趋势，不同师幼比水平下的教职工与专任教师需求量从 2021 年开始均持续递减，谷底年出现在 2034 年，而后逐渐增加，2050 年达到未来 30 年间的师资最大需求量。分阶段来看，2021—2023 年期间幼教师资持续高需求状态，高需求中略有下降；2024—2031 年期间幼教师资需求量逐年显著缩减；2032—2034 年期间需求量继续减少，但缩减幅度明显放缓，2034 年触及谷底；2035—2038 年期间需求量又开始有所增加；2039—2046 年期间上海幼教师资需求量进入快速增加阶段；2047—2050 年期间需求量增速则逐渐放缓，至 2050 年达到未来 30 年间师资需求量最大值。

（2）不同师幼比水平下的教职工与专任教师需求量分析（高学位方案）

基于学位需求高方案，依据不同的师幼比参数设定，测算获得未来 30 年上海市幼儿园教职工与专任教师需求量的高、中、低三种水平（以下简称高教职、中教职、低教职，高专任、中专任、低专任），呈现如下特点：①2021—2023 年期间幼教师资需求量保持较高水平，此 3 年教职

---

① 教育部. 教育部关于印发《幼儿园教职工匹配标准（暂行）》的通知 [EB/OL].
（2013 - 01 - 15）. http：//www. moe. gov. cn/srcsite/A10/s7151/201301/t20130115_
147148. html.

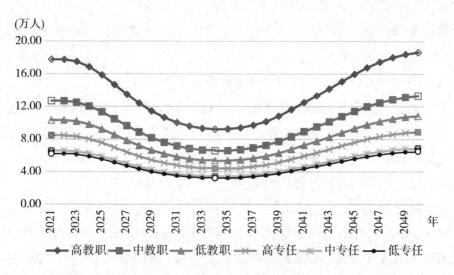

（万人）

图 4-11 高学位方案下 2021—2050 年上海市幼教师资需求量变化趋势

工需求量区间分别为 10.32 万~17.76 万人（2021 年）、10.32 万~17.75 万人（2022 年）、10.17 万~17.50 万人（2023 年），专任教师需求量区间分别为 6.21 万~8.46 万人（2021 年）、6.21 万~8.45 万人（2022 年）、6.12 万~8.33 万人（2023 年）。②2024—2034 年期间师资需求量持续下降，该阶段中以 2031 年为分水岭，此前师资需求量年降速均在 4%~8%，此后 3 年降速则放缓至 1%~4%。特别是 2025—2029 年期间师资需求量显著减少，以师幼比中水平为例，此 5 年间每年的教职工需求量、专任教师需求量分别以 6900~8500 人和 3500~4400 人的幅度大幅缩减。③高学位方案中各水平师资需求量谷底年份出现在 2034 年。具体而言，教职工需求量的谷底值分别为 9.21 万人（高师幼比）、6.58 万人（中师幼比）、5.36 万人（低师幼比）；专任教师需求量的谷底值分别为 4.39 万人（高师幼比）、3.41 万人（中师幼比）、3.22 万人（低师幼比）。④2035—2050 年期间师资需求量逐年回升，其中 2039—2046 年期间增幅显著，以师幼比中水平为例，教职工与专任教师需求量分别从 2039 年的 7.73 万人、4.01 万人增至 2046 年的 11.99 万人、6.22 万人。⑤2047—2050 年期间增幅明显减缓，2050 年达到未来 30 年间最大师资需求量，三种师幼比水平下的教职工需求量与专任教师需求量分别达到 18.65 万人和 8.88 万人（高师幼比）、13.32 万人和 6.91 万人（中师幼比）、10.84 万人和 6.52 万人（低师幼比）。

2. 中学位方案下的上海市幼教师资需求量分析

基于中学位需求的预测结果，并依据三种不同水平的教职工师幼比与专任教师师幼比，测算获得中学位需求下的未来 30 年各年份上海市幼儿园教职工与专任教师需求量及其变化趋势。

（1）师资需求量整体变化趋势（中学位方案）

如图 4-12 所示，中学位方案下，不同师幼比水平下的上海市幼儿园教职工与专任教师需求量从 2021 年开始均持续递减，谷底年出现在 2034—2035 年期间，而后逐渐增加，2049 年达到未来 30 年间后半程的师资最大需求量。分阶段来看，2021—2023 年期间幼教师资需求处在较高水平，并以 3%~5% 的速度逐年下降；2024—2032 年期间幼教师资需求量递减幅度增大，年缩减幅度在 5%~9%；2033—2035 年期间需求量缩减幅度明显放缓，回复至 3% 以下，2034—2035 年触及谷底；2036—2049 年期间师资需求量又开始增加，2049 年达到后半程峰值，尤以 2039—2041 年期间增幅显著；2050 年的师资需求量又略有下降。

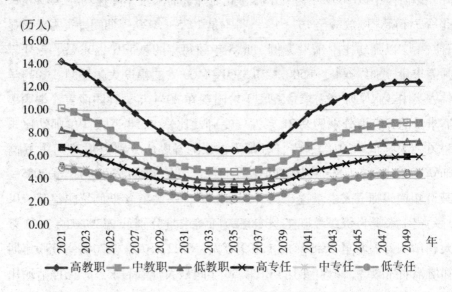

图 4-12　中学位方案下 2021—2050 年上海市幼教师资需求量变化趋势

（2）不同师幼比水平下的教职工与专任教师需求量分析（中学位方案）

基于学位需求中方案，依据不同的师幼比参数设定，测算获得未来30年上海市幼儿园教职工与专任教师需求量的高、中、低三种水平，呈现如下特点：①2021—2023年期间幼教师资需求量稳中略降，三种师幼比水平下的教职工需求量区间分别为8.28万~14.24万人（2021年）、8.01万~13.78万人（2022年）、7.65万~13.16万人（2023年），专任教师需求量区间分别为4.98万~6.78万人（2021年）、4.82万~6.56万人（2022年）、4.60万~6.27万人（2023年）。②2024—2032年期间师资需求量持续显著下降，特别是2026—2029年期间师资需求量均以8%的速度递减，每年缩减的绝对量在7100~9300人之间。③中学位方案下各水平师资需求量谷底年份出现在2034—2035年。具体而言，教职工需求量的谷底值分别为6.46万人（高师幼比）、4.62万人（中师幼比）、3.76万人（低师幼比）；专任教师需求量的谷底值分别为3.08万人（高师幼比）、2.39万人（中师幼比）、2.26万人（低师幼比）。④2036—2049年期间师资需求量逐年回升，其中2039—2041年期间增幅尤为显著，年均增长率达11%。以师幼比中水平为例，教职工与专任教师需求量分别从2038年的4.97万人、2.58万人增至2041年的6.88万人、3.57万人。⑤2042—2049年期间增幅明显减缓，2049年达到峰值，三种师幼比水平下的教职工需求量与专任教师需求量分别达到12.41万人和5.91万人（高师幼比）、8.87万人和4.60万人（中师幼比）、7.22万人和4.34万人（低师幼比）。⑥2050年，师资需求量则以0.4%的缩减率小幅下降，以中师幼比水平为例，教职工与专任教师需求量分别比前一年减少400人和200人。

3. 低学位方案下的上海市幼教师资需求量分析

基于低学位需求的预测结果，并依据三种不同水平的教职工师幼比与专任教师师幼比，测算获得低学位需求下的未来30年各年份上海市幼儿园教职工与专任教师需求量及其变化趋势。

（1）师资需求量整体变化趋势（低学位方案）

如图4-13所示，低学位方案下，不同师幼比水平下的教职工与专任教师需求量从2021年开始均持续递减，谷底年出现在2035年，而后逐渐增加，2048年达到未来30年间后半程的师资最大需求量。分阶段来看，2021—2022年期间幼教师资需求保持在较高水平，稳中有降；2023—2032年期间幼教师资需求量递减幅度增大，年缩减幅度在5%~9%之间，特别是2025—2029年期间，每年师资需求量均以9%的速度缩减；2033—2035年期间需求量继续减少，但缩减幅度明显放缓，2035年触及谷底；2036—2048年期间师资需求量又开始增加，增幅整体上较为平缓，2048年达到峰值；2049—2050年，师资需求量略有下降。

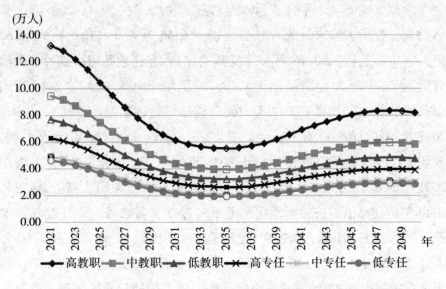

图4-13 低学位方案下2021—2050年上海市幼教师资需求量变化趋势

（2）不同师幼比水平下的教职工与专任教师需求量分析（低学位方案）

基于学位需求低方案，依据不同的师幼比参数设定，测算获得未来30年上海市幼儿园教职工与专任教师需求量的高、中、低三种水平，呈现如下特点：①2021—2022年期间，三种师幼比水平下的教职工需求量区间分别为 7. 69 万~13. 22 万人（2021 年）、7. 45 万~12. 82 万人（2022 年），专任教师需求量区间分别为 4. 62 万~6. 30 万人（2021年）、4. 48 万~6. 10 万人（2022 年）。②2023—2032 年期间师资需求量下降幅度更加显著，特别是 2025—2029 年，每年师资需求量均以 9% 的速度递减，其中 2025—2028 年期间平均年缩减量 9000 人以上，2033—2035 年则减速放缓。③和中学位方案预测结果基本相同，低学位方案下各水平师资需求量谷底年份也出现在 2035 年。具体而言，教职工需求量与专任教师需求量的谷底值分别为 5. 53 万和 2. 63 万（高师幼比）、3. 95 万和 2. 05 万（中师幼比）、3. 22 万和 1. 93 万（低师幼比）。④2036—2048 年期间师资需求量逐年回升，增幅较为平缓，除 2039—2041 年以 5%~6% 的年增长率递增外，其余年份的增长率均在 4% 以下。⑤2048 年达到后半程峰值，三种师幼比水平下的教职工需求量与专任教师需求量分别达到 8. 35 万人和 3. 98 万人（高师幼比）、5. 97 万人和3. 09 万人（中师幼比）、4. 86 万人和 2. 92 万人（低师幼比）。⑥2049—2050 年，师资需求量以 1% 的减幅开始出现缓慢下降势头。

（四）上海市幼儿园经费需求量预测分析

1. 未来各年份上海市生均经费标准测算

本研究中有关上海市幼儿园生均经费标准参数的确定，主要依据《中国教育经费统计年鉴（2018）》发布的上海市幼儿园生均经费标准32 257. 79 元，并假定该生均经费水平保持不变，结合学位需求规模，测算未来幼儿园经费需求。

2. 上海市幼儿园经费需求量预测结果

根据对未来上海市幼儿园学位需求高、中、低三种方案的预测结果，并结合生均经费标准，可进一步测算出未来 30 年上海市幼儿园经费需求总量的三套方案（参见图 4-14）。

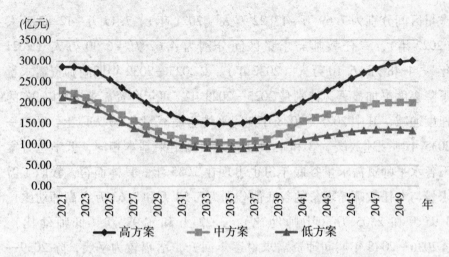

图4-14 2021—2050年上海市幼儿园经费需求量变化趋势

测算得出的未来30年上海市幼儿园经费需求总量与幼儿园学位规模直接相关，中长期变化趋势也与未来学位规模预测的趋势基本吻合。2021年后经费总量持续下降，2034年（高方案148.60亿元）至2035年（中方案104.21亿元、低方案89.23亿元）经费总量降至谷底，而后又持续上升，低、中方案所预测的经费需求量分别在2048年（134.73亿元）和2049年（200.19亿元）达到后半程的峰值，高方案则在2050年达到未来30年内的峰值（300.84亿元）。

四、未来中长期上海市学前教育需求变动的主要特点

基于学龄前人口预测的2021—2050年上海市学前教育需求主要呈现如下特点：

第一，从整体趋势上看，幼儿园学位需求、师资需求与静态方案经费需求在未来30年呈现U形变化趋势，以2034—2035年为U形谷底，前半程需求量持续下降，后半程则逐渐增加，低方案和中方案的需求量预测值在2048—2049年达到后期峰值，高方案则在2050年达到未来30

年期间的最大需求量。

第二，从重点时段上来看，前半程与后半程各有一段时期学前教育需求量大幅变化：2026—2030年，即"十五五"期间的三种方案需求量预测结果均以8%左右的速度逐年递减，以中方案为例，5年共缩减学位19.75万，平均每年减少3.95万个学位；相应地，幼儿园教职工需求共缩减2.82万人，年均减少0.56万人，专任教师共缩减1.47万人，年均减少0.29万人，经费需求共缩减63.72亿元，年均减少12.74亿元。2039—2041年则是后半程需求量增幅最为显著的一个时段，中方案增幅最快，其次是高方案。该阶段中方案需求量以每年11%~12%的速度大幅增长，幼儿园学位、教职工需求量、专任教师需求量及经费需求量的年均增量分别达到4.46万个、0.64万人、0.33万人和14.39亿元。

第三，三种方案横向比较而言，首先，高方案预测由于采用高生育模式，受"全面二孩"政策影响更为凸显，且政策效应释放更加集中和前移，因而2021—2025年即"十四五"期间，高方案需求量仍保持相对较高水平，其缩减幅度明显小于中、低方案，进入"十五五"时期后，三个方案需求量均有快速减少。相应地，高方案谷底年份出现的时间在2034年，略早于低方案的2035年。其次，从需求量后15年的长期变化趋势来看，高方案的增长幅度也大于中、低方案，其需求增长态势一直持续到2050年，且2050年达到未来30年需求量的峰值；而低、中方案则分别在2048年和2049年达到后半程峰值，低于2021年的水平。

第五章

广州市中长期学前教育需求预测

新中国成立以来，广州市人口规模呈不断增长的趋势，从1953年的285万人增长到2010年的1270万人。人口规模对学前教育需求也产生了重要影响，本章以广州市未来常住人口规模预测结果为基础，探讨未来广州市学龄前人口发展态势，并据此对广州市未来中长期学前教育需求进行预测分析。

一、广州市人口发展基本特征

（一）广州市人口规模与结构的变化特征

新中国成立以来，广州市人口规模呈现不断增长的趋势。总人口规模从1953年"一普"的285万人上升到2010年"六普"的1270万人，年均增长率为2.66%。其中，人口增长最快的是1990—2000年间，年均增长率高达4.67%，人口增速最慢的时期为1964—1982年间，年均增长率仅为1.63%（参见表5-1）。

表 5-1　广州市历次人口普查的总户数及总人数

年份	1953	1964	1982	1990	2000	2010
总户数（千户）	713.78	880.33	1215.40	1539.02	2820.65	4330.41
家庭户	—	—	1210.48	1512.46	2374.09	3785.28
集体户	—	—	4.92	2.66	446.56	545.13
总人口（千人）	2849.32	3882.41	5193.28	6299.94	9942.02	12701.95
两次普查间人口年均增长率（%）	—	2.85	1.63	2.44	4.67	2.48
性别比	102.64	102.28	102.82	106.46	108.59	109.53
0~6岁人口数（千人）	304.30	509.50	555.74	756.86	705.77	687.53
0~6岁人口占比（%）	10.68	13.12	10.70	12.01	7.10	5.41

（资料来源：广州市统计信息网。）

　　1982年"三普"及以前，广州市的人口性别结构非常均衡且稳定，自1990年"四普"以来，广州市总人口性别比逐渐提高，时至2010年已接近110。0~6岁学龄前人口规模呈现先增加后减少的态势，0~6岁人口比例则呈现在波动中不断下降的趋势，2010年该比例仅为5.41%。

　　如表5-2所示，与国内其他大城市类似，改革开放以来，广州市人口的年龄结构也在不断老龄化，65岁及以上老年人口系数不断上升，而14岁及以下的少儿人口系数则不断急剧下降，故而老少比呈现急剧上升之势。广州市人口的老龄化具有明显的底部老龄化特征，即低龄人口比重较低，人口年龄金字塔呈现底部小、中部大的形状。从"五普""六普"的人口年龄结构金字塔对比图中可见（参见图5-1），2010年广州市14岁及以下各年龄人口规模呈现减少态势，底部老龄化态势非常明显。

表5-2 广州市历次人口普查的年龄构成情况 （单位：%）

年龄构成指标	1982	1990	2000	2010	2010年比1982年增减
老年人口系数	5.74	6.30	6.10	6.67	0.93
少儿人口系数	26.57	22.85	16.43	11.47	−15.10
老少比	21.60	27.59	37.12	58.20	36.60

（注：老年人口系数＝65岁及以上人口/总人口；少儿人口系数＝0~14岁人口/总人口；老少比＝65岁及以上人口/0~14岁人口。）

（资料来源：广州市统计信息网。）

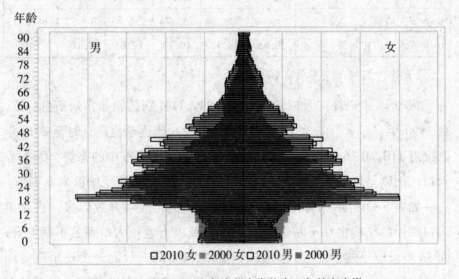

图5-1 2000年、2010年广州市常住人口年龄金字塔

（资料来源：广州市统计信息网。）

（二）广州市出生率、死亡率及人口自然变动特征

从人口的自然增长来看，新中国成立以来，广州市的人口死亡率变化不显著，因此出生率和自然增长率呈现类似的变化趋势。

具体来看，如图5-2所示，新中国成立初期的1955—1961年间，广州市人口死亡率基本在7‰~10‰之间波动，其中1960年的死亡率最高，为10.48‰。1962年开始，广州市人口死亡率基本在5‰~7‰之间低位波动，变化不大。1955—1957 年间，广州市人口出生率非常高，在 37.6‰～39.5‰波动，1958—1961 年明显下降至 23.6‰，而后在 1962 年又急剧反弹至 38.78‰，此后开始在波动中不断下降，时至 2003 年，广州市人口出生率降至不足 8‰，仅为 7.92‰。2004 年开始，广州市人口出生率又在波动中缓慢提高，尤其是"全面二孩"生育政策后，广州市人口出生率在 2017 年高达 22.7‰。与出生率的变化过程类似，广州市人口自然增长率最高的年份为 1957 年，此后不断下降至 1961 年的 15.3‰，在 1962 年反弹至 32.0‰后开始在波动中下降，时至 2003 年，广州市人口的自然增长率降至 2.2‰。2004 年开始，广州市人口自然增长率在波动中缓慢提高，在 2017 年达到 15.8‰的水平。

图 5-2　1955—2018 年广州市人口出生率、死亡率及自然增长率变化

（资料来源：广州市统计信息网。）

总体而言，广州市人口的自然变动具有明显的趋势特征，大致可以划分为三个阶段：一是 1955—1961 年间，广州市人口的自然变动为高位波动；二是 1962—2003 年间，广州市人口的出生率、死亡率和自然增长率皆不断下降，并呈现低位波动特征；2004 年至今，广州市死亡率变化不大，而出生率和自然增长率开始在波动中有限反弹。

平均预期寿命是去除年龄结构影响后对人口死亡水平的综合测度指标。新中国成立后,广州市人口死亡率虽然变化不大,但人口预期寿命逐年提高。1957 年,广州市总人口的平均预期寿命为 66.62 岁,其中男、女平均预期寿命分别为 64.68 岁和 67.81 岁。1975 年以来,广州市总人口的平均预期寿命一直高于 70 岁,并不断缓慢提升,2011 年达到 80 岁,其中,男性人口的平均预期寿命从 1980 年开始一直高于 70 岁,时至 2015 年接近 79 岁;女性人口的平均预期寿命从 1963 年开始一直高于 70 岁,时至 2005 年接近 80 岁,时至 2017 年接近 85 岁。2018 年,广州市总人口及男、女平均预期寿命分别高达 82.28 岁、79.47 岁和 85.22 岁。①

21 世纪以来,广州市育龄妇女的生育模式也发生了一定程度的改变,"五普""六普"及 2015 年 1%人口抽样调查结果显示,广州市育龄妇女生育水平在略有下降的同时,生育高峰向高年龄偏移,30 岁及以上分年龄生育率有明显的提高趋势(参见图 5-3)。

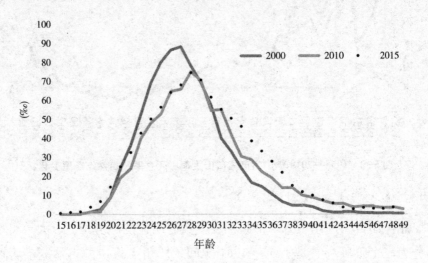

图 5-3　"五普""六普"及 2015 年 1%抽样调查广州市育龄妇女生育模式比较

(资料来源:广州市统计信息网。)

---

①　广州市统计信息网。

（三）广州市非户籍常住人口增长状况及特征

广州市常住人口仍然以户籍人口为主，但21世纪以来，非户籍常住人口的规模、比重皆呈现明显上升的趋势。如表5-3所示，2005年以来，广州市非户籍常住人口规模从不到200万人增加至约577万人，增加了近2倍，而户籍人口仅增加了27%。伴随着规模的增加，广州市非户籍常住人口的比重也由21%增加到38%左右。从增速来看，广州市非户籍常住人口的年均增速为7.89%，而户籍人口的年均增速仅为1.73%。

表5-3　2005—2019年广州市常住、户籍与非户籍人口变化

年份	常住人口 （万人）	户籍人口 （万人）	非户籍常住人口 （万人）	非户籍常住人口比重 （%）
2005	949.68	750.53	199.15	20.97
2006	996.66	760.72	235.94	23.67
2007	1053.01	773.48	279.53	26.55
2008	1115.34	784.17	331.17	29.69
2009	1186.97	794.62	392.35	33.05
2010	1270.96	806.14	464.82	36.57
2011	1275.14	814.58	460.56	36.12
2012	1283.89	822.30	461.59	35.95
2013	1292.68	832.31	460.37	35.61
2014	1308.05	842.42	465.63	35.60
2015	1350.11	854.19	495.92	36.73
2016	1404.35	870.49	533.86	38.01
2017	1449.84	897.87	551.97	38.07
2018	1490.44	927.69	562.75	37.76
2019	1530.59	953.72	576.87	37.69

（资料来源：广州市统计信息网。）

广州市非户籍常住人口表现出以青壮年劳动年龄人口为主的特征。

2010 年"六普"结果显示，广州市非户籍常住人口中，男性比例较高，占 54.89%，性别比高达 121.7。同时，广州市非户籍常住人口的年龄构成以劳动年龄人口为主，即 15~59 岁人口占非户籍人口的 91.11%，其中，20~24 岁、25~29 岁、30~34 岁、35~39 岁的青壮年分别占 22.62%、17.02%、13.29%和 11.95%，四者合计高达 64.88%，且不同性别非户籍常住人口的年龄构成具有较大相似性。

二、广州市人口发展预测的主要结果

（一）广州市人口预测的参数假定

1. 生育模式假定

与全国其他大城市相比，广州市的出生水平并不低。直到 2000 年以后，广州的出生率才降至 10‰以下，并且 2010 年后，广州的出生率开始缓慢上升。受"全面二孩"生育政策的影响，2017 年开始，广州的生育水平出现明显反弹。然而，广州已经完成人口的生育转变，受经济发展水平、生育观念转变等诸多因素的影响，即使在"全面二孩"生育政策的背景下，广州市的生育水平也不会出现较大反弹，低生育率将是广州市人口发展的长久趋势。综合考虑各方面因素，本预测设定了高、中、低三种生育水平，并假定未来广州市常住人口年龄别生育模式保持 2010 年和 2015 年的平均模式不变。

根据人口普查及 1%人口抽样调查的总和生育率结果及其变化规律，本预测设定高、中、低三种生育水平方案。在高、中、低三个假定方案中，低生育方案从 2014 年开始高于 2010 年的生育水平，该方案总和生育率在 2020 年略有回升，提高至 1.00；考虑到"全面二孩"生育政策推行初期可能带来的生育反弹，中方案的总和生育率从 2010 年开始逐步升高，到 2020 年前后达到 1.20，其在 2015—2020 年间增长幅度略高，随着"全面二孩"生育势能的释放，2021—2025 年间生育水平有小幅回落，2025 年开始逐渐小幅上升，2035 年升至 1.25，并一直维持到 2050 年；高方案总和生育率的变动轨迹与中方案类似，只是在 2018 年前的上升速度较快，在 2018 年上升到 1.50，并维持到 2020 年，随着"全面二孩"生育势能的释放，2021—2025 年间生育水平有所回落，2025 年开始逐渐上升，2035 年升至 1.50，并一直维持到 2050 年。以上三种方案反映的生育水平虽有差异，但总体而言均维持在低生育水平之下，距离更替水平尚有较大差距。预测中，所有年份的出生性别比以 108 作为预测值（参见表 5-4）。

表 5-4 广州市常住人口总和生育率假定

年份	高方案	中方案	低方案
2021	1.45	1.19	1.01
2022	1.40	1.18	1.02
2023	1.35	1.17	1.03
2024	1.30	1.16	1.04
2025	1.30	1.15	1.05
2026	1.32	1.16	1.06
2027	1.34	1.17	1.07
2028	1.36	1.18	1.08
2029	1.38	1.19	1.09
2030	1.40	1.20	1.10
2031	1.42	1.21	1.11
2032	1.44	1.22	1.12
2033	1.46	1.23	1.13
2034	1.48	1.24	1.14
2023—2050	1.50	1.25	1.15

2. 平均预期寿命假定

如前所述，广州市人口的平均预期寿命在小幅波动中逐年提高。尤其是 1995 年以来，总人口及分性别人口的年均预期寿命进入稳定增长时期，年均增长率均接近 0.5%，同时，随着平均预期寿命越来越长，其增长速度缓慢稳定下降，2015—2018 年尤为明显（参见表 5-5、图 5-4）。

表 5-5　广州市户籍人口平均预期寿命年均增长率　　　（单位：%）

年份	总人口	男	女
1957—1975	0.37	0.34	0.43
1975—1980	0.43	0.37	0.52
1980—1985	0.52	0.56	0.50
1985—1990	-0.12	-0.08	0.04
1990—1995	-0.28	-0.36	-0.08
1995—2000	0.43	0.46	0.13
2000—2005	0.67	0.70	0.64
2005—2010	0.47	0.45	0.48
2010—2015	0.67	0.66	0.67
2015—2018	0.23	0.20	0.24
1995—2018	0.51	0.52	0.45
2005—2018	0.49	0.47	0.50
2010—2018	0.50	0.49	0.51

（资料来源：广州市统计信息网。）

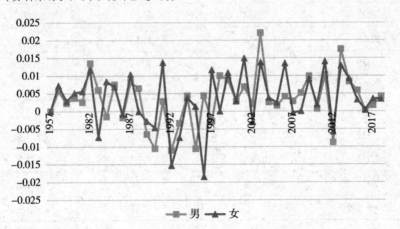

图 5-4　1953—2018 年广州市户籍人口平均预期寿命年均增长率变化

（资料来源：广州市统计信息网。）

未来平均预期寿命是进行人口预测需要设定的基本指标之一。以广州市分性别人口平均预期寿命的时序变化值为依据，同时考虑人口寿命增长的有限性，本预测对广州市分性别人口的未来平均预期寿命做如下设定：2019—2030 年按 0.30% 的速度增长，2030 年男性和女性平均预期寿命分别达到 82.38 岁和 88.34 岁。随后增长速度逐渐放缓，2030—2040 年降低为年均增长 0.2%，2040—2050 年降低为 0.15%。按照这一假定，广州市男性和女性人口平均预期寿命在 2040 年分别达到 84.04 岁和 90.12 岁，2050 年分别达到 85.31 岁和 91.48 岁（参见表 5-6）。

表 5-6　广州市人口未来平均预期寿命的假定　　　　　（单位：岁）

年份	男	女	差值：女—男	年份	男	女	差值：女—男
2021	80.19	85.99	5.80	2036	83.37	89.40	6.03
2022	80.43	86.25	5.82	2037	83.54	89.58	6.04
2023	80.67	86.51	5.84	2038	83.71	89.76	6.06
2024	80.91	86.77	5.85	2039	83.87	89.94	6.07
2025	81.15	87.03	5.87	2040	84.04	90.12	6.08
2026	81.40	87.29	5.89	2041	84.17	90.26	6.09
2027	81.64	87.55	5.91	2042	84.29	90.39	6.10
2028	81.89	87.81	5.92	2043	84.42	90.53	6.11
2029	82.13	88.07	5.94	2044	84.55	90.66	6.12
2030	82.38	88.34	5.96	2045	84.67	90.80	6.13
2031	82.54	88.52	5.97	2046	84.8	90.94	6.14
2032	82.71	88.69	5.98	2047	84.93	91.07	6.14
2033	82.87	88.87	6.00	2048	85.05	91.21	6.15
2034	83.04	89.05	6.01	2049	85.18	91.35	6.16
2035	83.21	89.23	6.02	2050	85.31	91.48	6.17

3. 迁移模式假定

近年来，广州市非户籍人口的增长幅度和速度都明显减缓，然而，随着户籍制度改革的不断深化，广州市户籍人口增长明显，去除户籍人口自然增长的影响，户籍人口的迁移增长也有所提高。总体来看，广州市常住人口的迁移增幅和增速都日趋稳定。如图 5-5 所示，2010 年"六普"结果显示，广州市男、女净迁入人口的年龄结构具有较大的一致性，即青壮年人口比例较高，老年人口比例较低，0~1 岁婴幼儿人口比例相对较高。

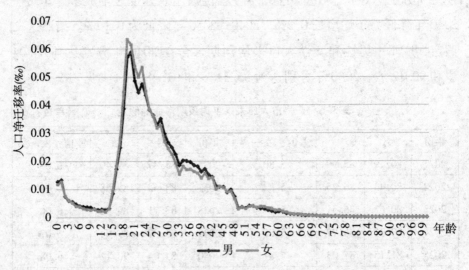

图 5-5　2010 年"六普"广州分性别人口净迁移的年龄模式

（资料来源：广州市统计信息网。）

本预测以 2010 年人口普查获得的广州市净迁移人口的年龄模式为基础，假定未来各年份的分年龄净迁移模式与之相同，只是迁移水平与 2010 年有差异，进而设定高、中、低三种强度的迁移规模。2008 年以来，受全球金融危机影响，广州市的经济发展在 2011—2014 年也受其波及，人口净迁移水平有明显下降；2015—2019 年，随着全球经济的好转，广州市人口净迁移水平明显提升；2020—2023 年，受新冠疫情及全球经济萎缩影响，广州市人口净迁移水平达到低谷状态；2024—2035 年，随着全球经济的复苏、海南自由贸易港建设在持续深化阶段（2025—2035 年）的辐射效应，广州市人口净迁移水平会明显提升；2036—2050 年，受广州城市规模等环境、条件因素限制，广州市人口净迁移水平会略有降低。具体净迁移水平假设详见表5-7。

表5-7　广州年均净迁移人口规模的假定　　（单位：万人）

年份	高方案	中方案	低方案
2011—2014	3.0	2.0	0.0
2015—2019	30.0	20.0	10.0
2020—2023	3.0	2.0	1.0
2024—2035	10.0	5.0	3.0
2036—2050	8.0	4.0	2.0

（二）广州市人口规模及结构主要预测结果

1. 广州市常住人口规模预测结果

采用队列要素预测法，依据2010年"六普"的基础数据及假定参数，本研究对广州市未来人口发展趋势进行预测，结果显示，不同方案之下广州市常住人口依然呈现平缓的增长态势，不同之处在于人口增长的水平和时期模式（参见表5-8、图5-6）。

表5-8　广州市常住人口规模预测结果　　（单位：万人）

年份	高方案	中方案	低方案
2021	1584.22	1486.98	1406.13
2022	1599.72	1497.55	1412.79
2023	1613.28	1506.83	1418.49
2024	1632.06	1517.93	1425.31
2025	1649.86	1527.99	1431.36
2026	1666.92	1537.26	1436.70
2027	1683.26	1545.77	1441.38
2028	1698.94	1553.59	1445.45
2029	1714.00	1560.78	1448.99
2030	1728.53	1567.41	1452.07

续表

年份	高方案	中方案	低方案
2031	1742.53	1573.48	1454.66
2032	1756.11	1579.07	1456.83
2033	1769.39	1584.26	1458.65
2034	1782.47	1589.13	1460.16
2035	1795.49	1593.76	1461.42
2036	1806.38	1597.13	1461.41
2037	1817.18	1600.27	1461.12
2038	1827.97	1603.18	1460.55
2039	1838.83	1605.90	1459.72
2040	1849.83	1608.46	1458.63
2041	1860.96	1610.82	1457.22
2042	1872.21	1612.96	1455.47
2043	1883.53	1614.84	1453.35
2044	1894.84	1616.42	1450.82
2045	1905.99	1617.62	1447.82
2046	1916.86	1618.39	1444.30
2047	1927.28	1618.64	1440.21
2048	1937.09	1618.29	1435.48
2049	1946.13	1617.26	1430.07
2050	1954.27	1615.47	1423.93

　　具体而言呈现以下特征：首先，三种方案下广州市人口规模的峰值明显不同。低方案在2035年达到峰值，人口规模为1461.42万人，此后开始缓慢下降；中方案在2047年达到峰值，人口规模为1618.64万人，此后也开始缓慢下降；只有高方案下，人口规模持续增长，到2050年达到1954.27万人。其次，三种方案下广州市人口在不同时期的增长模式有所不同。2011—2013年间，由于三种方案的生育水平尚未

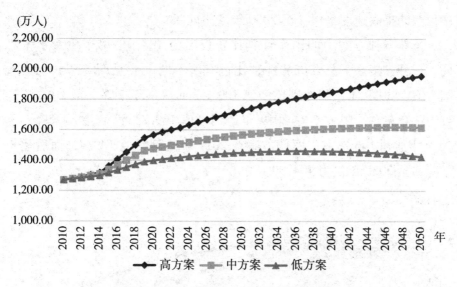

图5-6　广州市常住人口规模变动趋势预测

拉开差距，而人口净迁移也维持在低水平上，此时，三种方案的人口规模差别不大；2015—2019年间，人口净迁移水平明显提高，生育水平的差距也开始拉开，此时，三种方案下的人口规模差距骤然拉大；2024—2035年间，由于三种方案的生育水平都有所提高，生育水平对人口增长的影响力不断提升，同时，人口净迁移水平也有所提高，因此，三种方案下的人口规模的差距不断加大；2036—2050年间，由于三种方案假定的生育水平皆达到最高值，而人口净迁移水平略有下降，因此，生育对人口增长的影响进一步凸显，使高方案之下的广州市人口规模维持不断增长之势，低方案之下的人口规模开始进入萎缩状态。由此可见，人口净迁入可在短期内加速人口规模的增长，但长期来看，本地常住人口生育水平的逐步提升对人口规模的维持及增长也具有重要意义。

2. 广州市分年龄段常住人口规模预测结果

由于本预测设定的生育水平和净迁移水平都不高，因此，人口年龄结构的老龄化趋势在三种方案中皆有所体现。所不同的是，高方案之下人口年龄中位数的提高速度较慢，中方案居中，而低方案之下人口年龄中位数的提高速度最快，至 2050 年高达近 60 岁。

虽然三种方案中的出生性别比皆设定为 108，但由于生育水平不同，三种方案之下总人口的性别比也有所不同（参见图 5-7）。其中，高方案在 2019 年达到性别比峰值 109.9，而后逐年下降，至 2050 年达到 107.0 左右；中方案在 2019 年达到峰值 109.5，而后逐年下降，至 2050 年达到 106 左右；而低方案在 2011 年达到峰值 109.4，而后逐年下降，至 2050 年仅为 104.39。

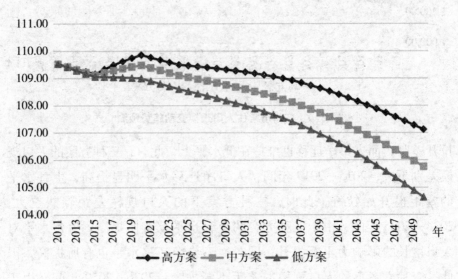

图 5-7 广州市常住人口性别比变化趋势

本预测结果显示，三种方案之下，2011—2050 年广州市 65 岁及以上老年人口规模均持续增长，这主要是由于这一人口规模由 2010 年及以前的出生人口、死亡水平、人口净迁移水平共同决定。三种方案之下，2010 年的基础人口和死亡水平被设定为不变，而人口净迁移的年龄模式具有明显的青壮年特征，在这种情况下，65 岁及以上老年人口的规模差距不会太大。

三种方案下，0~14 岁少年儿童人口的预测结果差异较大，不同方案不仅预测的规模不同，波动性变化的过程也有所不同。除高方案外，中、低方案下广州市 0~14 岁人口规模皆呈萎缩之势。三种方案下，广

州市 0~14 岁人口规模变化的模式明显不同, 具体来说, 低方案在 2022
年达到峰值, 人口规模为 181.58 万人, 此后开始逐年下降, 至 2043 年
达到最低规模 102.94 万人, 然后缓慢回升至 2050 年的 106.37 万人;
中方案在 2025 年达到峰值, 人口规模为 213.62 万人, 此后开始逐年下
降, 至 2042 年达到最低规模 129.61 万人, 此后也缓慢回升至 2050 年
的 140.30 万人; 高方案在 2026 年达到峰值, 人口规模为 272.91 万人,
此后逐年下降, 至 2040 年达到最低规模 186.41 万人, 然后逐年回升至
2050 年的 224.09 万人。也就是说, 在 2011—2050 年的广州市 0~14 岁
人口规模变化中, 高方案不仅始终维持高水平, 而且其人口缩减期
(2027—2040 年) 明显较短, 仅 14 年; 中方案的人口缩减期 (2026—
2042 年) 为 17 年; 低方案的人口缩减期 (2023—2043 年) 明显最长,
长达 21 年 (参见表 5-9、图 5-8)。

表 5-9 广州市常住 65 岁及以上、0~14 岁人口规模预测结果

(单位: 万人)

年份	65 岁及以上			0~14 岁		
	高方案	中方案	低方案	高方案	中方案	低方案
2021	151.81	151.08	150.26	250.56	205.58	180.76
2022	161.41	160.57	159.63	258.10	209.25	181.58
2023	170.19	169.22	168.14	263.42	211.35	181.19
2024	176.96	175.83	174.59	267.44	212.46	180.05
2025	183.95	182.63	181.23	271.53	213.62	179.26
2026	189.75	188.23	186.64	272.91	212.46	176.67
2027	202.71	200.97	199.18	272.37	209.94	173.27
2028	219.19	217.22	215.22	270.17	206.11	169.14
2029	232.73	230.50	228.27	265.58	200.99	163.95

年份	65 岁及以上			0~14 岁		
	高方案	中方案	低方案	高方案	中方案	低方案
2030	246.90	244.40	241.93	258.88	195.00	157.64
2031	259.88	257.11	254.38	250.21	188.07	150.86
2032	271.83	268.74	265.72	239.82	180.29	143.82
2033	289.36	285.87	282.51	228.08	171.95	136.79
2034	305.82	301.88	298.09	217.01	163.48	130.07
2035	324.57	320.09	315.81	207.06	155.24	123.97
2036	342.42	337.30	332.44	199.00	148.13	118.62
2037	360.81	355.02	349.52	192.96	142.22	114.09
2038	380.43	373.89	367.72	188.98	137.56	110.42
2039	399.58	392.23	385.30	187.02	134.09	107.58
2040	416.39	408.17	400.43	186.41	131.73	105.47
2041	432.09	422.92	414.32	186.98	130.25	104.04
2042	445.62	435.40	425.86	188.71	129.61	103.22
2043	461.47	450.15	439.63	191.51	129.72	102.94
2044	479.50	466.99	455.43	195.23	130.47	103.08
2045	496.79	483.03	470.39	199.68	131.72	103.53
2046	515.41	500.32	486.54	204.63	133.35	104.19
2047	536.37	519.89	504.94	209.83	135.19	104.91
2048	555.21	537.25	521.05	214.97	137.06	105.58
2049	574.48	554.91	537.39	219.80	138.82	106.10
2050	593.80	572.50	553.55	224.09	140.30	106.37

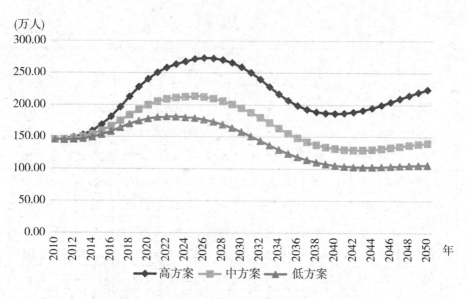

图 5-8 广州市 0~14 岁常住人口规模变化趋势预测

如图 5-9 所示，广州市学龄前人口规模高、中、低三套方案预测结果的中长期变化趋势大致相同，但具体的峰值与谷底年份有所不同。"全面二孩"政策调整引起的出生人口增加效应正在随时间推移而弱化，广州市学龄前人口在经历了前几年的持续增加后，自 2021 年起开始逐年下降，2036—2037 年触及谷底，而后再次稳步增加，并在 2048—2050 年期间陆续迎来峰值。也就是说，广州市学龄前人口规模在未来 30 年的前半程持续递减，后半程则逐渐增加。高方案中假定"全面二孩"政策具有较强的生育刺激效应而采取了高生育模式参数，其对学龄前人口规模的扩张效应也更加持久，因而其峰值年份出现的时间晚于中、低方案（参见表 5-10 至表 5-12）。

表 5-10 广州市学龄前人口规模预测结果（高方案）（单位：万人）

年份	0 岁	1 岁	2 岁	3 岁	4 岁	5 岁	6 岁	合计
2021	19.92	21.79	22.68	23.27	21.95	20.39	18.70	148.70
2022	18.13	19.92	21.79	22.69	23.28	21.96	20.40	148.17
2023	16.34	18.14	19.93	21.80	22.70	23.29	21.97	144.16

续表

年份	0 岁	1 岁	2 岁	3 岁	4 岁	5 岁	6 岁	合计
2024	14.78	16.44	18.20	19.98	21.85	22.74	23.32	137.31
2025	13.96	14.88	16.50	18.25	20.03	21.89	22.78	128.30
2026	13.38	14.07	14.95	16.55	18.30	20.07	21.93	119.26
2027	12.83	13.49	14.14	15.00	16.60	18.34	20.11	110.52
2028	12.34	12.94	13.56	14.19	15.06	16.65	18.38	103.11
2029	11.93	12.45	13.01	13.61	14.24	15.10	16.68	97.03
2030	11.58	12.04	12.52	13.06	13.66	14.28	15.13	92.29
2031	11.33	11.70	12.11	12.58	13.12	13.71	14.32	88.86
2032	11.20	11.45	11.76	12.17	12.63	13.16	13.74	86.11
2033	11.21	11.32	11.52	11.82	12.22	12.67	13.20	83.95
2034	11.33	11.33	11.39	11.57	11.87	12.26	12.71	82.46
2035	11.59	11.45	11.40	11.44	11.62	11.91	12.30	81.72
2036	11.81	11.68	11.50	11.44	11.48	11.66	11.94	81.52
2037	12.08	11.90	11.74	11.55	11.48	11.52	11.69	81.95
2038	12.45	12.17	11.95	11.78	11.59	11.52	11.55	83.00
2039	12.90	12.54	12.22	12.00	11.82	11.62	11.55	84.65
2040	13.44	12.99	12.59	12.27	12.04	11.86	11.65	86.84
2041	14.04	13.53	13.04	12.64	12.31	12.07	11.89	89.53
2042	14.64	14.13	13.59	13.09	12.68	12.34	12.10	92.57
2043	15.22	14.73	14.18	13.63	13.13	12.71	12.37	95.98
2044	15.72	15.31	14.78	14.23	13.67	13.16	12.74	99.62
2045	16.10	15.81	15.36	14.83	14.27	13.71	13.19	103.28
2046	16.35	16.19	15.87	15.41	14.87	14.30	13.74	106.73
2047	16.45	16.44	16.24	15.91	15.45	14.90	14.33	109.73
2048	16.39	16.54	16.49	16.29	15.95	15.48	14.93	112.08
2049	16.19	16.48	16.60	16.54	16.33	15.98	15.51	113.64
2050	15.89	16.28	16.54	16.64	16.58	16.36	16.01	114.30

表 5-11 广州市学龄前人口规模预测结果（中方案） （单位：万人）

年份	0 岁	1 岁	2 岁	3 岁	4 岁	5 岁	6 岁	合计
2021	15.24	16.38	16.55	16.44	16.00	15.36	14.72	110.69
2022	14.13	15.24	16.38	16.56	16.45	16.01	15.36	110.12
2023	12.99	14.13	15.24	16.38	16.56	16.45	16.02	107.78
2024	11.98	13.03	14.16	15.27	16.41	16.58	16.47	103.89
2025	11.10	12.02	13.06	14.18	15.29	16.43	16.60	98.68
2026	10.46	11.14	12.05	13.08	14.21	15.31	16.44	92.70
2027	9.87	10.51	11.17	12.08	13.11	14.23	15.33	86.29
2028	9.35	9.92	10.54	11.20	12.10	13.13	14.25	80.49
2029	8.91	9.41	9.95	10.57	11.23	12.12	13.14	75.33
2030	8.54	8.97	9.44	9.98	10.59	11.25	12.14	70.89
2031	8.25	8.59	9.00	9.46	10.00	10.61	11.26	67.18
2032	8.05	8.30	8.62	9.02	9.49	10.03	10.63	64.14
2033	7.95	8.10	8.33	8.65	9.05	9.51	10.04	61.64
2034	7.94	8.01	8.13	8.36	8.68	9.07	9.53	59.72
2035	8.02	8.00	8.04	8.16	8.38	8.70	9.09	58.39
2036	8.10	8.06	8.02	8.07	8.18	8.40	8.71	57.55
2037	8.21	8.14	8.09	8.04	8.08	8.20	8.42	57.19
2038	8.36	8.25	8.17	8.11	8.06	8.10	8.21	57.27
2039	8.54	8.40	8.28	8.19	8.13	8.08	8.12	57.74
2040	8.77	8.58	8.43	8.30	8.21	8.15	8.10	58.54
2041	9.02	8.81	8.61	8.45	8.32	8.23	8.16	59.60
2042	9.26	9.06	8.84	8.63	8.47	8.34	8.24	60.85
2043	9.50	9.30	9.09	8.86	8.65	8.49	8.35	62.24
2044	9.69	9.54	9.33	9.11	8.88	8.67	8.50	63.73
2045	9.83	9.74	9.57	9.35	9.13	8.90	8.68	65.19
2046	9.90	9.87	9.76	9.59	9.37	9.15	8.91	66.56

年份	0 岁	1 岁	2 岁	3 岁	4 岁	5 岁	6 岁	合计
2047	9.91	9.95	9.90	9.78	9.61	9.39	9.16	67.70
2048	9.84	9.95	9.97	9.92	9.80	9.63	9.40	68.52
2049	9.71	9.89	9.98	9.99	9.94	9.82	9.64	68.97
2050	9.50	9.75	9.91	10.00	10.02	9.96	9.83	68.97

表 5-12 广州市学龄前人口规模预测结果（低方案） （单位：万人）

年份	0 岁	1 岁	2 岁	3 岁	4 岁	5 岁	6 岁	合计
2021	11.93	12.69	13.26	13.58	13.66	13.55	13.30	91.96
2022	11.15	11.91	12.69	13.26	13.58	13.66	13.55	89.81
2023	10.34	11.15	11.91	12.69	13.26	13.59	13.66	86.59
2024	9.62	10.36	11.16	11.93	12.70	13.27	13.60	82.63
2025	9.01	9.64	10.37	11.17	11.94	12.71	13.28	78.13
2026	8.44	9.03	9.66	10.39	11.19	11.95	12.72	73.38
2027	7.94	8.47	9.05	9.67	10.40	11.20	11.96	68.69
2028	7.51	7.97	8.49	9.06	9.69	10.41	11.21	64.34
2029	7.16	7.54	7.99	8.50	9.08	9.70	10.42	60.39
2030	6.87	7.19	7.56	8.00	8.52	9.09	9.71	56.94
2031	6.66	6.91	7.21	7.58	8.01	8.53	9.10	53.99
2032	6.52	6.69	6.92	7.23	7.59	8.03	8.54	51.51
2033	6.46	6.55	6.71	6.94	7.24	7.60	8.04	49.53
2034	6.45	6.49	6.57	6.72	6.95	7.25	7.61	48.05
2035	6.52	6.48	6.51	6.58	6.74	6.97	7.26	47.06
2036	6.57	6.54	6.50	6.52	6.59	6.75	6.97	46.43
2037	6.63	6.59	6.55	6.51	6.53	6.60	6.75	46.15
2038	6.72	6.65	6.60	6.56	6.52	6.54	6.61	46.18
2039	6.81	6.73	6.66	6.61	6.57	6.52	6.54	46.45
2040	6.93	6.83	6.75	6.67	6.62	6.58	6.53	46.91

年份	0 岁	1 岁	2 岁	3 岁	4 岁	5 岁	6 岁	合计
2041	7.05	6.95	6.84	6.76	6.68	6.63	6.58	47.49
2042	7.16	7.07	6.96	6.85	6.77	6.69	6.63	48.14
2043	7.27	7.18	7.08	6.97	6.86	6.77	6.70	48.84
2044	7.34	7.29	7.19	7.09	6.98	6.87	6.78	49.55
2045	7.36	7.36	7.30	7.21	7.10	6.99	6.88	50.19
2046	7.34	7.38	7.37	7.31	7.22	7.11	7.00	50.72
2047	7.27	7.36	7.39	7.38	7.32	7.22	7.12	51.05
2048	7.15	7.28	7.37	7.40	7.39	7.33	7.23	51.15
2049	6.98	7.17	7.30	7.38	7.41	7.40	7.33	50.97
2050	6.79	7.00	7.18	7.31	7.39	7.42	7.41	50.49

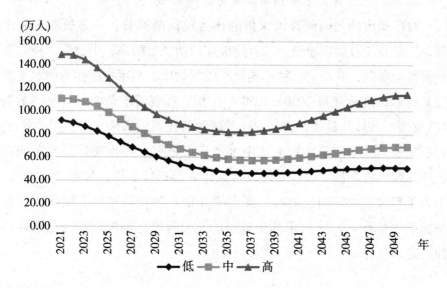

图 5-9　广州市学龄前人口规模变动趋势（2021—2050 年）

三、广州市学前教育需求中长期预测分析

(一) 广州市学前教育需求预测的参数假定

1. 幼儿园学位需求量预测方法与数据来源

根据学龄前人口规模预测结果,并参照广州市教育局发布的《教育统计手册2019》中的"学前教育毛入园率124%"的入园率实际水平①,推算出未来30年广州市在园幼儿规模及其变化趋势,分为高、中、低三个方案。

2. 幼儿园师资需求量预测方法与数据来源

对广州市幼儿园师资需求量的预测包括两部分,一是教职工需求量,二是专任教师需求量,二者均以在园幼儿数的高、中、低三种方案预测值为基础,并结合三种不同水平的师幼比,两项指标在不同水平上交叉计算,进而获得2020—2050年广州市师资需求量的九套预测结果(参见表5-13)。具体而言,专任教师师幼比当前实际水平(低水平)、教职工师幼比当前实际水平(中水平)可依据广州市统计局发布的在园幼儿数、教职员工数、专任教师数计算得出;专任教师师幼比的高、中水平和教职工师幼比的高、低水平分别参照我国《幼儿园教职工配备标准(暂行)》中规定的全日制幼儿园师幼比高限标准与低限标准而确定。

---

① 广州市教育局.2019年广州市教育统计手册 [EB/OL]. (2020-07-15). http://jyj. gz. gov. cn/gk/zfxxgkml/qt/tjsj/content/post_ 6456181. html.

表 5-13 广州市幼儿园师资需求量预测方案

	在园幼儿数高方案	在园幼儿数中方案	在园幼儿数低方案
师幼比高水平	高幼儿数—高师幼比	中幼儿数—高师幼比	低幼儿数—高师幼比
师幼比中水平	高幼儿数—中师幼比	中幼儿数—中师幼比	低幼儿数—中师幼比
师幼比低水平	高幼儿数—低师幼比	中幼儿数—低师幼比	低幼儿数—低师幼比

3. 幼儿园经费需求量预测方法与数据来源

对广州市幼儿园经费需求量的预测假定经费总额与在园幼儿数成正比，采用《广东省 2018 年全省教育经费执行情况统计表》发布的广州市幼儿园生均经费当前实际水平并假定不变，与在园幼儿数高、中、低三套方案交叉，进而获得广州市幼儿园未来 30 年经费需求量的三种水平。

（二）广州市幼儿园学位需求量预测分析

依据上述对广州市学龄前人口规模预测的三种方案，并参照广州市教育局发布的《2019 年广州市教育统计手册》中 124% 的毛入园率水平，对未来 30 年广州市幼儿园学位需求规模做出高、中、低三种方案的预测分析。如图 5-10 所示，三种方案所预测的广州市幼儿园学位需求量的中长期变化趋势大体一致，变化趋势较为平缓。当前，随着"全面二孩"政策效应衰减，适龄幼儿及其学位需求量自 2022—2024 年开始下降。其中，中方案从 2024 年开始逐年递减，高方案从 2023 年开始递减，低方案从 2022 年开始递减；高方案在 2037 年降至谷底，2038 年又开始逐渐增加；中、低方案则在 2038 年降至谷底，自 2039 年开始逐渐增加。具体来看，首先，三种方案的谷底年出现在 2037—2038 年，其中高方案的谷底年份出现在 2037 年，学位需求量为 42.84 万，中、低方案的谷底年则均在 2038 年，学位需求量分别为 30.10 万人和 24.32 万人。其次，2038—2050 年，"单独二孩""全面二孩"一代相继进入育龄期，广州市幼儿园学位需求逐年攀升，低、中、高三种方案将分别于 2049 年（27.51 万人）、2050 年（37.16 万人）和 2050 年（61.48 万人）达到后半程幼儿园学位需求的最大值。

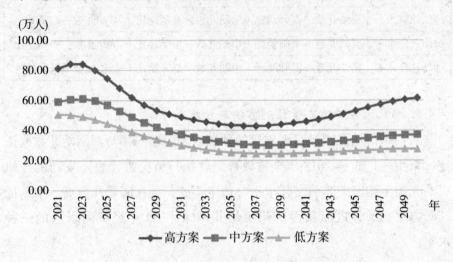

图 5-10 2021—2050 年广州市幼儿园学位需求量变化趋势

（三）广州市幼教师资需求量预测分析

对广州市幼儿园师资需求量的预测以在园幼儿数的高、中、低三种方案为基础，并结合三种不同水平的师幼比，测算得出九种水平。教职工与专任教师师幼比当前实际水平依据广州市统计局发布的在园幼儿数、教职员工数、专任教师数①计算得出，前者为 1：6.66，后者为 1：13.92，前者为教职工师幼比的中水平，后者为专任教师师幼比的低水平。教职工师幼比的高水平和低水平分别采用《幼儿园教职工配备标准（暂行）》② 中规定的高限标准 1：5、低限标准 1：7；专任教师师幼比的高水平和中水平则根据该规定中的保教人员师幼比标准，以及

---

① 广州市统计局 . 2020 年广州统计年鉴 ［EB/OL］. https：//lwzb. gzstats. gov. cn：20001/datav/admin/home/www_ nj/.

② 教育部 . 教育部关于印发《幼儿园教职工匹配标准（暂行）》的通知 ［EB/OL］. （2013 - 01 - 15）. http：//www. moe. gov. cn/srcsite/A10/s7151/201301/t20130115_ 147148. html.

专任教师与保育员配比标准计算获得，分别为 1∶10.5 和 1∶13.5。

1. 高学位方案下的广州市幼教师资需求量分析

基于高学位需求的预测结果，并依据三种不同水平的教职工师幼比与专任教师师幼比，测算获得高学位需求下的未来 30 年各年份广州市幼儿园教职工与专任教师需求量及其变化趋势。

（1）师资需求量整体变化趋势（高学位方案）

如图 5-11 所示，高学位方案中，不同师幼比水平下的未来 30 年广州市幼儿园教职工与专任教师需求量峰值均出现在 2022 年，从 2023 年开始逐年下降，从 2037 年降至谷底后又开始逐渐回升。分阶段来看，2021—2024 年期间幼教师资持续高需求状态，高需求中略有下降；2025—2029 年期间幼教师资需求量逐年显著缩减；2030—2037 年期间需求量继续减少，但缩减幅度明显放缓，2037 年触及谷底；2038—2041 年期间需求量又开始有所增加；2042—2048 年期间广州幼教师资需求量进入快速增加阶段；2049—2050 年期间需求量增速则逐渐放缓。

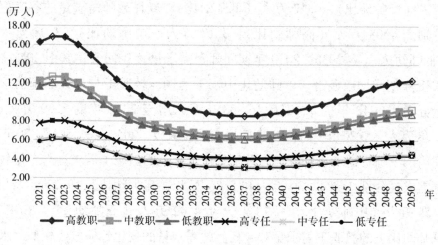

图 5-11　高学位方案下 2021—2050 年广州市幼教师资需求量变化趋势

（2）不同师幼比水平下的教职工与专任教师需求量分析（高学位方案）

基于学位需求高方案，依据不同的师幼比参数设定，测算获得未来

30 年广州市幼儿园教职工与专任教师需求量的高、中、低三种水平（以下简称高教职、中教职、低教职，高专任、中专任、低专任），呈现如下特点：①2021—2024 年期间幼教师资需求量保持较高水平，此 4 年教职工需求量区间分别为 11.62 万~16.27 万人（2021 年）、12.03 万~16.85 万人（2022 年）、12.01 万~16.81 万人（2023 年）、11.44 万~16.01 万人（2024 年），专任教师需求量区间分别为 5.84 万~7.75 万人（2021 年）、6.05 万~8.02 万人（2022 年）、6.04 万~8.01 万人（2023 年）、5.75 万~7.63 万人（2024 年）。②2024—2036 年期间师资需求量持续下降，该阶段中以 2029 年为分水岭，此前师资需求量年降速均在 6%~9%，此后 7 年降速则放缓至 1%~5%。特别是 2025—2029 年期间师资需求量显著减少，以师幼比中水平为例，此 5 年间每年的教职工需求量、专任教师需求量分别以 5500~9800 人和 2700~4800 人的幅度大幅缩减。③高方案中各水平师资需求量谷底年份出现在 2037 年。具体而言，教职工需求量的谷底值分别为 8.57 万人（高师幼比）、6.43 万人（中师幼比）、6.12 万人（低师幼比）；专任教师需求量的谷底值分别为 4.08 万人（高师幼比）、3.17 万人（中师幼比）、3.08 万人（低师幼比）。④2038—2050 年期间师资需求量逐年回升，其中 2042—2048 年期间增幅显著，以师幼比中水平为例，教职工与专任教师需求量分别从 2042 年的 7.10 万人、3.50 万人增至 2048 年的 8.89 万人、4.38 万人。⑤2049—2050 年期间增幅明显减缓，2050 年达到未来 30 年间第二个师资需求小高峰，三种师幼比水平下的教职工需求量与专任教师需求量分别达到 12.30 万人和 5.86 万人（高师幼比）、9.23 万人和 4.55 万人（中师幼比）、8.78 万人和 4.42 万人（低师幼比）。⑥中、低师幼比下的教职工需求量和专任教师需求量的变化趋势较为相似，水平也更为接近。

2. 中学位方案下的广州市幼教师资需求量分析

基于中学位需求的预测结果，并依据三种不同水平的教职工师幼比与专任教师师幼比，测算获得中学位需求下的未来 30 年各年份广州市幼儿园教职工与专任教师需求量及其变化趋势。

（1）师资需求量整体变化趋势（中学位方案）

如图 5-12 所示，中学位方案下，不同师幼比水平下的广州市幼儿园教职工与专任教师需求量从 2021—2023 年逐渐增加，但从 2024 年开始均持续递减，谷底年出现在 2037—2038 年，而后逐渐增加，2050 年迎来未来 30 年间师资最大需求量的第二个小高峰。分阶段来看，2021—2024 年期间幼教师资需求处在较高水平；2025—2033 年期间幼教师资需求量递减幅度增大，年缩减幅度在 5%~8% 之间；2034—2036 年期间需求量缩减幅度明显放缓，降至 4% 以下，2037—2038 年触及谷底；2039—2050 年期间师资需求量又开始增加，增幅在 1%~3%，直到 2050 年达到第二个峰值。

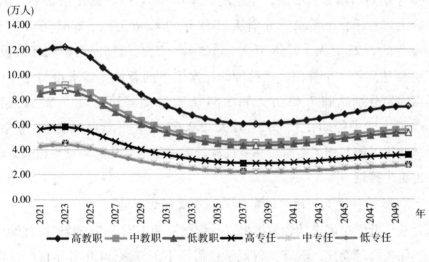

图 5-12 中学位方案下 2021—2050 年广州市幼教师资需求量变化趋势

（2）不同师幼比水平下的教职工与专任教师需求量分析（中学位方案）

基于学位需求中方案，依据不同的师幼比参数设定，测算获得未来 30 年广州市幼儿园教职工与专任教师需求量的高、中、低三种水平，呈现如下特点：①2022—2023 年期间幼教师资需求量最大，三种师幼比水平下的教职工需求量区间分别为 8. 68 万~12. 15 万人（2022 年）、8. 75 万~12. 25 万人（2023 年），专任教师需求量区间分别为 4. 37 万~5. 79 万人（2022 年）、4. 40 万~5. 83 万人（2023 年）。②2025—2033年期间师资需求量持续显著下降，特别是 2026—2029 年期间师资需求量均以 7%~8%的速度递减，每年缩减的绝对量在 6200~8200 人（高教职）。③中学位方案下各水平师资需求量谷底年份出现在 2037—2038年。具体而言，教职工需求量的谷底值分别为 6. 02 万人（2038 年高师幼比）、4. 52 万人（2038 年中师幼比）、4. 30 万人（2038 年低师幼比）；专任教师需求量的谷底值分别为 2. 87 万人（2037 年和 2038 年高师幼比）、2. 23 万人（2037 年和 2038 年中师幼比）、2. 16 万人（2038年低师幼比）。④2039—2050 年期间师资需求量逐年回升，其中 2044—2046 年期间增幅尤为显著，年均增长率达 3%。以师幼比中水平为例，教职工与专任教师需求量分别从 2044 年的 4. 96 万人、2. 45 万人增至2046 年的 5. 23 万人、2. 58 万人。⑤2047—2050 年期间增幅明显减缓，2050 年达到第二个峰值，三种师幼比水平下的教职工需求量与专任教师需求量分别达到 7. 43 万人和 3. 54 万人（高师幼比）、5. 58 万人和2. 75 万人（中师幼比）、5. 31 万人和 2. 67 万人（低师幼比）。⑥中、低师幼比下的教职工需求量和专任教师需求量的变化趋势较为相似，水平也更为接近。

3. 低学位方案下的广州市幼教师资需求量分析

基于低学位需求的预测结果，并依据三种不同水平的教职工师幼比与专任教师师幼比，测算获得低学位需求下的未来 30 年各年份广州市幼儿园教职工与专任教师需求量及其变化趋势。

（1）师资需求量整体变化趋势（低学位方案）

如图 5-13 所示，低学位方案下，不同师幼比水平下的教职工与专任教师需求量从 2022 年开始均持续递减，谷底年出现在 2037—2039年，而后逐渐平稳增加，2049 年迎来未来 30 年间的师资最大需求量的第二个小高峰。分阶段来看，2021—2022 年期间幼教师资需求保持在较高水平，稳中有降；2024—2034 年期间幼教师资需求量递减幅度增大，年缩减幅度在 4%～7% 之间，特别是 2026—2031 年期间，每年师资需求量以 6%～7% 的速度缩减；2035—2036 年期间需求量继续减少，但缩减幅度明显放缓，2037—2039 年触及谷底；2039—2049 年期间师资需求量又开始增加（低专任从 2040 年开始增加），增幅整体上较为平缓，2049 年达到峰值；2050 年，师资需求量略有下降。

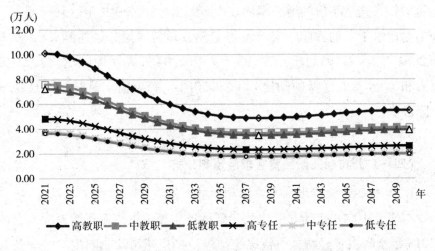

图 5-13　低学位方案下 2021—2050 年广州市幼教师资需求量变化趋势

（2）不同师幼比水平下的教职工与专任教师需求量分析（低学位方案）

基于学位需求低方案，依据不同的师幼比参数设定，测算获得未来 30 年广州市幼儿园教职工与专任教师需求量的高、中、低三种水平，呈现如下特点：①2021—2022 年期间，三种师幼比水平下的教职工需求量区间分别为 7.23 万～10.12 万人（2021 年）、7.17 万～10.04 万人（2022 年），专任教师需求量区间分别为 3.63 万～4.82 万人（2021 年）、3.61 万～4.78 万人（2022 年）。②2024—2034 年期间师资需求量下降幅度更加显著，平均年缩减量为 4200 人以上（高教职），特别是 2027—2028 年，每年师资需求量均以 7% 的速度递减，2035—2036 年则减速放缓。③低学位方案下各水平师资需求量谷底年份出现在 2037—

2039年。具体而言，教职工需求量均在2038年达到谷底值，分别为4.86万人（高师幼比）、3.65万人（中师幼比）、3.47万人（低师幼比）；而专任教师需求量的谷底值分别为2.32万人（2037—2038年高师幼比）、1.80万人（2037—2038年中师幼比）、1.75万人（2037—2039年低师幼比）。④2039—2049年期间师资需求量逐年回升（低专任从2040年开始回升），增幅较为平缓，除2044—2046年以2%的年增长率递增外，其余年份的增长率均在1%及以下。⑤2049年达到峰值，三种师幼比水平下的教职工需求量与专任教师需求量分别达到5.50万人和2.62万人（高师幼比）、4.13万人和2.04万人（中师幼比）、3.93万人和1.98万人（低师幼比）。⑥2050年，师资需求量开始出现缓慢下降势头。

（四）广州市幼儿园经费需求量预测分析

1. 未来各年份广州市生均经费标准测算

本研究中广州市幼儿园生均经费标准主要依据广东省教育厅发布的《2018年全省教育经费执行情况统计表》中广州市幼儿园生均一般公共预算教育经费水平12463.72元，并假定保持当前水平不变，结合学位需求规模，测算未来广州市幼儿园经费需求。

2. 广州市幼儿园经费需求量预测结果

根据对未来广州市幼儿园学位需求高、中、低三种方案的预测结果，并结合生均经费标准，可进一步测算出未来30年广州市幼儿园公共预算教育经费需求总量的三套方案（参见图5-14）。

未来30年广州市幼儿园公共预算教育经费需求总量与幼儿园学位规模直接相关，中长期变化趋势也与未来学位规模预测的趋势基本吻合。2021年后开始出现下降趋势。2037年（高方案53.40亿元）至2038年（中方案37.52亿元、低方案30.31亿元），三种方案的广州市幼儿园经费总量先后降至谷底，而后又持续上升，高、中方案所预测的经费需求量分别在2050年达到76.63亿元和46.32亿元，达到后半程的峰值，低方案则在 2049 年达到峰值（34.29 亿元）。

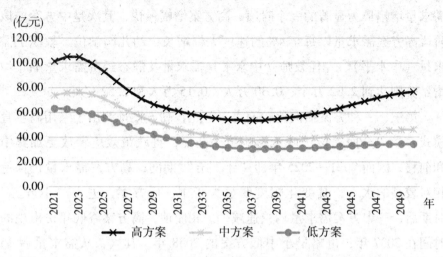

图 5-14　2021—2050 年广州市幼儿园经费需求量变化趋势

四、未来中长期广州市学前教育需求变动的主要特点

基于学龄前人口预测的 2021—2050 年广州市学前教育需求主要呈现如下特点：

第一，从整体趋势上看，幼儿园学位需求、师资需求与经费需求在未来 30 年呈现不同的发展趋势，高方案和中方案都呈现先增加后减少再增加的发展趋势，在 2022—2023 年达到未来 30 年的峰值，在 2037—2038 年跌至谷底。低方案则呈现 U 形变化趋势，且 2038 年为谷底。

第二，从重点时段上来看，前半程与后半程各有一段时期学前教育需求量大幅变化：2026—2030 年前后，即"十五五"期间的三种方案需求量预测结果均以 5%~9% 的速度逐年递减，以中方案为例，5 年共缩减学位约 17.5 万个，平均每年大约减少 3.5 万个学位；相应地，幼儿园中水平师幼比下的教职工需求共缩减 2.62 万人，年均减少 0.52 万人，专任教师共缩减 1.29 万人，年均减少 0.26 万人，静态方案经费需求共缩减 21.77 亿元，年均减少 4.35 亿元。2043—2047 年则是后半程需求量增幅最为显著的一个时段，高方案增幅最快，其次是中方案。该阶段高方案需求量以每年4%的速度大幅增长，幼儿园学位、教职工需求量（中水平）、专任教师（中水平）需求量及静态经费需求量的年均增量分别达到 2.02 万个、0.30 万人、0.15 万人和 2.52 亿元。

第三，三种方案横向比较而言，首先，高方案预测由于采用高生育模式，受"全面二孩"政策影响更为凸显，且政策效应释放更加集中和前移，因而 2021—2025 年即"十四五"期间，高方案需求量仍保持相对较高的水平，其变化幅度明显大于中、低方案，进入"十五五"时期后，三个方案需求量均快速减少。相应地，高方案谷底年份出现的时间在 2037 年，也略早于中低方案的 2038 年。其次，从需求量后 15年的长期变化趋势来看，高方案的增长幅度也大于中、低方案，其需求增长态势一直持续到 2050 年，高方案和中方案在 2050 年达到未来 30年需求量的第二个峰值；而低方案在 2049 年达到后半程峰值，低于2021 年的水平。

第六章

主要结论与建议

一、主要结论与讨论

（一）主要结论

基于学龄前人口预测，北京市、上海市和广州市的学前教育需求呈现不同的发展趋势。北京市幼儿园学位需求、师资需求与经费需求在2021—2050年的发展趋势皆呈U形，具体而言，在高、中、低三种方案下，三种需求在2038年降至谷底，2038年之前需求量主要呈下降趋势，之后需求量呈上升趋势，并且高、中、低三种方案的需求量在2050年皆达到后半程需求量的最高值。其中，高方案因受"全面二孩"政策的影响，在2021—2025年间即"十四五"期间，学前教育需求量仍保持相对较高水平，且缩减幅度明显小于中、低方案，进入"十五五"期间，高、中、低三种方案的需求量均快速减少。

从整体趋势上看，上海市的幼儿园学位需求、师资需求与经费需求在未来30年呈U形变化趋势，2021—2034年期间，高、中、低三种方案下的学前教育需求主要呈下降趋势，并在2034—2035年降至谷底，2035—2036年后需求量呈逐渐上升趋势，高方案在2050年达到未来30年的最大需求量，低、中方案的需求量在2048—2049年达到后半程的峰值。从横向比较来看，上海市高、中、低三种方案的谷底和峰值不同，高方案谷底年份出现在 2034 年，略早于中方案和低方案的 2035 年。另外，在后 15 年，高方案的增长幅度也大于中、低方案。

未来 30 年广州市的幼儿园学位需求、师资需求和经费需求在高、中、低三种方案下的发展趋势不尽相同。高方案和中方案的幼儿园学位需求、师资需求和经费需求皆呈现先增加后减少再增加的发展趋势，高方案在 2021—2022 年、中方案在 2021—2023 年期间呈上升趋势，并在 2022—2023 年先后达到未来 30 年的峰值，2023—2024 年后呈下降趋势，在 2037—2038 年降至谷底，2038—2039 年后开始呈上升趋势。低方案的学前教育需求则呈 U 形变化趋势，2021—2038 年呈下降的发展趋势，并在 2038 年降至谷底，2038 年之后呈上升趋势，并在 2049 年达到后程的峰值，但低于 2021 年的水平。从横向比较来看，高方案和中方案皆在 2022—2023 年达到未来 30 年的峰值，低方案的峰值略早于高、中方案。

（二）讨论

以北京市为例，将本研究对 2021 年的预测结果与实际统计数据对比可发现：北京市 2021 年学位、教职工及专任教师的实际值分别为 56.67 万个、9.83 万人和 4.8 万人，与本研究高、中、低方案的预测值比较后可见，低方案学位（68.02 万个）、低学位方案低师幼比教职工（9.72 万人）和低学位方案低师幼比专任教师（5.04 万人）与实际水平较为接近。上海市 2021 年学位、教职工和专任教师的实际值分别为 56.01 万个、9.83 万人和 4.55 万人，以此对照高、中、低三种方案的预测值，发现低方案学位（66.12 万个）、中学位方案中师幼比教职工（10.17 万人）和低学位方案低师幼比专任教师（4.62 万人）更接近实际水平。广州市 2021 年学位、教职工以及专任教师的实际值分别为 63.32 万个、9.49 万人和 4.42 万人，与本研究预测结果比较可见，中方案学位（59.27 万个）、中学位方案中师幼比教职工（8.9 万人）和中学位方案中师幼比专任教师（4.39万人）与实际水平更为接近。

如前文所述，在已有学前教育需求预测研究中，就地域范围来看，以全国或区域性的整体需求预测居多，聚焦于某个地区的较少，专门以大城市、超大城市为分析对象的更少，目前能够查阅到的少量相关研究主要以北京、上海为主。以下将对本研究中对北京市和上海市学前教育需求的预测分析与已有相关研究结果，主要从学龄前人口规模和幼儿园学位两方面进行简要对比。

在北京市学龄前人口规模预测方面，洪秀敏等采用北京市人口普查数据作为基础数据，应用由中国社科院与劳动研究中心开发的人口预测软件系统 CPPS，使用封闭系统下的分要素人口预测方法，对 2016—2026 年期间北京市 0~6 岁人口的规模做出预测。[①] 石贤贤基于"六普"数据，运用 Leslie 模型对 2021—2030 年期间我国 0~6 岁学龄前人口的规模做出预测。[②] 上述两项研究结果显示，北京市 0~6 岁人口规模在"十四五"期间达到峰值后开始出现持续下降趋势，这与本研究中对该时期北京市 0~6 岁人口规模预测的变动趋势一致。在北京市幼儿园学位预测方面，洪秀敏等基于"六普"数据测算得出，2021—2029 年期间北京市幼儿园学位高、中、低方案均呈现先增后减的趋势，2023—2024 年达到峰值后开始递减。总体上来看，本研究对北京市这一时期幼儿园学位变化趋势的预测结果与洪秀敏等的研究结果基本一致，但本研究基于相对保守的生育水平假定，学位需求规模开始下降的年份比上述研究中的预测结果提早两年。就学位规模的预测值而言，两项研究在"十五五"阶段的预测结果更为接近。以 2027 年为例，本研究对幼儿园学位规模的高、中、低方案预测结果分别为 67.28 万个、59.08 万个和 50.36 万个；洪秀敏等学者的测算结果中，高、中、低学位方案分别

① 洪秀敏，马群，朱文婷. 全面二孩人口新政后的学前教育政策应对研究：以北京市为例 [M]. 北京：北京师范大学出版社，2018：145-156.
② 石贤贤. 北京市学龄前人口发展趋势预测及学前教育资源需求分析 [D]. 北京：首都经济贸易大学，2020.

为 70.95 万个、59.31 万个和 50.68 万个。① 李玄基于"六普"数据，通过 Leslie 模型和 CPPS 人口预测软件，测算了 2021—2030 年期间北京市高、中、低方案下 3~5 岁学龄前人口规模。其高方案与中方案均整体呈先增后减的趋势，高方案的峰值年份出现在 2026 年，中方案的峰值年份出现在 2023 年，低方案则呈逐渐递减的趋势。② 上述研究低方案的预测趋势与本研究较为一致。在上海市幼教师资需求规模预测方面，王艺芳等基于"六普"的数据以及在此基础上对 3~6 岁适龄幼儿人口规模的测算，对 2021—2030 年期间上海市学前教育资源需求做出预测。以专任教师为例，高方案下整体呈先增后减的趋势，2025 年达到峰值；中方案也呈先增后减趋势，在 2024 年达到峰值；低方案则整体呈递减趋势。③ 该研究中低方案的预测趋势与本研究结果较为一致。

二、相关对策建议

北京、上海、广州三市作为我国超大城市的典型代表，对其"全面二孩"政策影响下的学前教育需求进行预测，将为我国其他大城市、超大城市的学前教育规划及相关政策制定提供有价值的参考与借鉴。基于上述研究，主要提出以下对策建议：

（一）科学测算适龄儿童规模与分布特点，为政策制定提供可靠依据
在历史的跌宕起伏中，我国学前教育曾交替出现过资源短缺与资源

---

① 洪秀敏，马群．"全面二孩"背景下学前教育资源配置的供需变化与挑战：以北京市为例［J］．教育学报，2017，13（1）：116-128.
② 李玄．北京市基础学龄人口预测及教育资源需求分析［D］．北京：首都经济贸易大学，2016.
③ 王艺芳，底会娟，刘虹．"全面二孩"政策下上海市学前教育资源需求分析［J］．早期教育（教科研版），2018（Z1）：12-17.

过剩的双重困境①，在一定程度上影响了我国学前教育事业的健康可持续发展。因此，要加强对出生人口规模的动态监测，加强对幼儿园适龄儿童人口规模的科学测算与中长期发展预测，尤其应加强测算的科学精准程度。如对北京、上海、广州等一线超大城市的人口预测中，须同时考察出生、死亡与迁移这三个基本变量，科学合理地设定相关参数，如假定为封闭人口进行预测则欠妥。此外，学前教育供需矛盾的形成来自供给规模不足或过剩与空间布局不均衡的双重因素，幼儿园资源布局不均衡的问题往往在上海这样的大城市更加突出，因此第一步是科学测算适龄儿童规模及其变化趋势，并在此基础上对各方面学前教育需求做出预判分析，此外，后续研究还应对现有学前教育资源的空间分布情况进行研判与优化，这将对更加科学精准地提出相关政策措施、合理满足学前教育需求具有重要意义。

（二）学前教育需求出现负增长，不可盲目扩建园所与过度培养师资

以上海市为例来看，上海市统计局发布的数据显示，上海市出生人口在 2014 年和 2016 年出现两次小高峰，是 2013 年 11 月"单独二孩"和 2016 年 1 月"全面二孩"政策效应的体现，但其对生育的刺激效果十分短暂，2017 年上海市出生人口已回落至 11.77 万人，低于 2012 年"全面二孩"政策实施前 12.11 万人的水平②。这与 2017 年全国范围内出生率与出生人口双降的数据也是一致的，反映出"全面二孩"政策的有限正效应已得到释放③。据本研究测算，尽管京沪穗三市幼儿园学位需求仍保持较大体量，这主要是短期内"二孩"生育势能的释放而带来的生育堆积效应，但 2021 年开始的未来较长一段时期内，学位需

① 郑益乐."全面二孩"政策对我国学前教育资源供给的影响及建议：兼论我国学前教育资源供给的现状与前景展望 [J].教育科学，2016，32（3）：83-89.
② 上海市统计局，国家统计局上海调查总队.上海统计年鉴：2018 [Z].北京：中国统计出版社，2018.
③ 穆光宗."全面二孩"政策实施效果如何 [J].人民论坛，2018（14）：46-47.

139

求量持续下降，特别是"十四五"末期，"二孩"生育势能的释放效应开始明显减弱，整个"十五五"期间学位需求量大幅缩减。例如，上海市低、中方案学位需求量分别降至 52.19 万个（2025 年）、52.97 万个（2026 年），均已低于 2016 年即"十三五"开局之年的 55.65 万个，此后的"十五五"期间，更是以每年 3 万~5 万个学位的速度大幅缩减，直至 2035—2036 年才迎来下一轮需求增长。因此，虽然近几年还需扩大学前教育资源，补足长期形成的学前教育短板，满足更多百姓的入园需求，但也必须对当前及未来学前教育趋势做出前瞻性预判，对"二孩"效应开始逐渐弱化这一实际状况有准确把握，依据科学预测的结果，以灵活多样的方式适度扩充学前教育资源、合理储备幼儿园师资力量。

（三）着眼中长期需求变化，创新路径，灵活按需配置园舍与师资

近几年，包括北京、上海、广州在内我国多地的学前教育需求体量仍较大，资源配置的焦点一是园舍、二是师资，但当前已进入需求下降阶段，特别是"十四五"末期即进入大幅缩减时期，届时又将面临学前教育资源过剩的问题。因此，应科学慎重地制定当前新建改扩建幼儿园与学前教育专业扩招等政策。首先，园舍资源建设方面建议长远考虑，将当前学前教育需求高峰时期与未来需求大幅缩减时期（届时小学教育需求将进入高峰期）统筹规划、因地制宜、灵活创新扩容路径。建议园舍资源的扩充首选改扩建方式，既能节约资源成本、缩短建设与投入使用的时间周期，又便于日后需求量大幅减少后转型为小学等其他教育机构校舍，确需新建幼儿园的区域，在符合相关建筑设计标准的要求下，可兼顾幼儿园与小学校舍的需要来建造，便于学前教育需求缩减时期根据需要转改为小学校舍。同时可进一步充分利用街道办事处相关场所、场地，以及儿童活动中心，以提供学前教育服务。

　　其次，近年来我国多地均实行了高校学前教育专业扩招政策①，一方面，未来 10 余年幼教师资需求将持续下降，另一方面，从招生到毕业，学生培养具有几年滞后性。例如，2021 年扩招的大学本科生，将在 2025 年毕业，而那时恰逢几个超大城市幼教师资需求持续缩减时期。因此，还需加强对大城市幼教师资供给能力的准确、深入研究，找准供需矛盾缺口及其中长期变化趋势，制订真正符合实际需求的师资扩充预案。不提倡将中小学教师暂时转岗为幼儿教师，而后在师资缩减期再将其转回中小学阶段的做法，此举将有损于学前教育的专业性与幼儿园教育的教学质量，且一些地区的实践经验表明，很多经短期培训的中小学转岗教师并不能很好地达到学前教育专业的要求和岗位的需要。建议以低师幼比水平为参照进行师资测算与配备，并作为制定相关师资政策的主要依据，这会在一定程度上弱化未来可能出现的幼教师资过量供给的问题。同时，根据不同时期的师资规模需求，灵活调整教职工退休政策，例如，在师资供不应求时，可在尊重教师本人意愿的前提下，适当延长幼儿园教职工任职年限，延迟退休期间的工资待遇不低于此前标准。此外，对于符合质量标准提供普惠性服务的幼儿园，特别是那些旨在完成扩招指标、解决所在地区"入园难"的问题，其教师在低于国家规定的师幼比标准下任教的园所，政府应进一步加大财政投入力度，优先用于大力提升其教职工尤其是专任教师的工资待遇。

---

① 许沁，徐瑞哲. 上海幼教师资缺口和短板该如何补 [N]. 解放日报，2017-12-14 (6).

主要参考文献

一、著作

[1] 辞海编辑委员会.辞海：第6版 [M].上海：上海辞书出版社，2009.

[2] 顾明远.教育大辞典：第六卷 [M].上海：上海教育出版社，1992.

[3] 顾明远，主编.教育大辞典（1） [M].上海：上海教育出版社，1991.

[4] 和学新.应对我国人口变动的教育政策研究 [M].北京：中国社会科学出版社，2019.

[5] 洪秀敏，马群，朱文婷，等.全面二孩人口新政后的学前教育政策应对研究：以北京市为例 [M].北京：北京师范大学出版社，2018.

[6] 李兴仁，闵卫国.心理学 [M].昆明：云南人民出版社，2002.

[7] 厉以宁，章诤.西方经济学 [M].北京：高等教育出版社，2005.

[8] 秦金亮.基于证据的学前教育需求与质量研究 [M].北京：北京师范大学出版社，2018.

[9] 宋健.人口统计学 [M].北京：中国人民大学出版社，2019.

[10] 张春兴.现代心理学 [M].上海：上海人民出版社，1994.

[11] 张意忠.城乡家庭高等教育需求差异及其有效供给 [M].北

京：科学出版社，2017.

［12］SMITH D P，KEYFITS N. Mathematical Demography：Selected Papers［M］. Berlin：Springer Verlag，1997.

二、期刊

［13］白鸽，王胜难，戴瑞明，等. 全面二孩政策下上海市居民生育意愿调查［J］. 医学与社会，2018（11）.

［14］陈岳堂，陈慧玲. 基于Dea-Tobit模型的我国学前教育资源配置效率研究［J］. 现代教育管理，2018（5）.

［15］翟振武，李龙，陈佳鞠. 全面两孩政策下的目标人群及新增出生人口估计［J］. 人口研究，2016，40（4）.

［16］董泽芳. 论我国人口问题与教育的关系［J］. 华中师范大学学报（人文社会科学版），2009，48（3）.

［17］冯文全. 对基础教育资源均衡配置的思考［J］. 教育科学论坛，2007（6）.

［18］甘蓉蓉，陈娜姿. 人口预测的方法比较：以生态足迹法、灰色模型法及回归分析法为例［J］. 西北人口，2010，31（1）.

［19］郭蜜. "全面二孩"对中国教育发展的影响［J］. 劳动保障世界，2016（6）.

［20］贺能坤. 中小学生教育需求指标体系研究——基于西藏农牧区的调查与思考［J］. 民族教育研究，2012，23（4）.

［21］洪秀敏，马群. "全面二孩"政策与北京市学前教育资源需求［J］. 北京师范大学学报（社会科学版），2017（1）.

［22］洪秀敏，马群. "十三五"时期北京市幼儿园师资需求问题研究［J］. 教育科学研究，2018（2）.

［23］华诗涵，王玲艳. 0~3岁婴幼儿入托需求与现状的调查与分析［J］. 幼儿教育，2018（9）.

［24］黄娟娟. 0~3岁婴幼儿家庭育儿的现状、需求及对策建议［J］.

上海教育科研, 2020 (12).

[25] 李汉东, 李玲, 赵少波. 山东省"全面二孩"政策下学前教育及义务教育资源供求均衡分析 [J]. 教育学报, 2019, 15 (2).

[26] 李玲, 黄宸, 李汉东. "全面二孩"政策下城乡学前教育资源需求分析 [J]. 教育研究, 2018 (4).

[27] 李玲, 杨顺光, 龚爽. "全面二孩"政策下学前与义务教育资源配置研究: 以重庆市为例 [J]. 农村经济, 2017 (4).

[28] 李玲, 杨顺光. "全面二孩"政策与义务教育战略规划: 基于未来20年义务教育学龄人口的预测 [J]. 教育研究, 2016 (7).

[29] 李通屏. 有效人口政策命题与中国生育政策演变 [J]. 社会科学, 2013 (3).

[30] 刘凤义, 刘子嘉. 政治经济学视域下"需要"与"需求"的关系研究 [J]. 南开经济研究, 2021 (1).

[31] 刘小燕, 李泓江. 中国生育政策传播模式演变考察 [J]. 北京大学学报 (哲学社会科学版), 2019, 56 (5).

[32] 卢长娥, 王勇. 安徽省学前教育资源地区间配置差异分析 [J]. 陕西学前师范学院学报, 2018, 34 (10).

[33] 路锦非, 王桂新. 我国未来城镇人口规模及人口结构变动预测 [J]. 西北人口, 2010, 31 (4).

[34] 罗雅楠, 程云飞, 郑晓瑛. "全面二孩"政策后我国人口态势趋势变动 [J]. 人口与发展, 2016, 22 (5).

[35] 孟兆敏, 吴瑞君. 上海市基础教育资源供需的现状、问题及对策研究 [J]. 上海教育科研, 2013 (2).

[36] 洪秀敏, 马群. "全面二孩"背景下学前教育资源配置的供需变化与挑战: 以北京市为例 [J]. 教育学报, 2017, 13 (1).

[37] 米红, 杨明旭. 含迁移要素的区域人口随机预测方法及其应用: 以浙江省宁波市为例 [J]. 人口与经济, 2016 (4).

[38] 穆光宗. "全面二孩"政策实施效果如何 [J]. 人民论坛,

2018（14）.

[39] 潘沛，胡礼和. 人口政策调适对教育发展的影响及其对策：基于对"全面实施一对夫妇可生两孩政策"的分析 [J]. 教育研究与实验，2015（6）.

[40] 庞丽娟，王红蕾，吕武. 对"全面二孩"政策下我国学前教育发展战略的建议 [J]. 北京师范大学学报（社会科学版），2016（6）.

[41] 钱智勇，薛加奇. 关于生产和需求关系的经济学演进研究：基于对新时代社会主要矛盾的经济学阐释 [J]. 吉林大学社会科学学报，2018，58（3）.

[42] 石人炳. 2000—2020 年我国各级教育需求预测及建议 [J]. 南方人口，2004（2）.

[43] 石人炳. 包容性生育政策：开启中国生育政策的新篇章 [J]. 华中科技大学学报（社会科学版），2021，35（3）.

[44] 史文秀. "全面二孩"政策背景下我国学前教育资源供需状况及其政策建议：基于 2017—2026 年在园学前儿童数量预测 [J]. 教育科学，2017，33（4）.

[45] 宋光辉，彭伟辉. 义务教育阶段择校制度优化：基于教育需求视角的分析 [J]. 经济体制改革，2016（1）.

[46] 宋健. 从约束走向包容：中国生育政策转型研究 [J]. 华中科技大学学报，2021，35（3）.

[47] 唐一鹏. 我国特大城市基础教育规模变动及其趋势预测：以北京、上海为例 [J]. 上海教育科研，2018（3）.

[48] 田飞. 21 世纪初人口场景预测研究回顾 [J]. 人口与发展，2010，16（2）.

[49] 王丽丹，谭许伟，刘治国，等. 基于供需关系分析的沈阳市幼儿园优化布局研究 [J]. 城市规划，2016，40（S1）.

[50] 王嵘. 贫困地区教育资源的开发利用 [J]. 教育研究，2001（9）.

[51] 王善迈, 崔玉平. 教育资源优化配置: 中国教育改革与发展中的经济学课题: 王善迈教授专访 [J]. 苏州大学学报 (教育科学版), 2014, 2 (4).

[52] 王艺芳, 底会娟, 刘虹. "全面二孩" 政策下上海市学前教育资源需求分析 [J]. 早期教育 (教科研版), 2018 (Z1).

[53] 王艺芳, 姜勇, 林瑜阳. "全面二孩" 政策下我国学前教育资源的配置: 基于 Leslie 模型 [J]. 湖南师范大学教育科学学报, 2018, 17 (3).

[54] 邬志辉, 陈昌盛. 我国义务教育阶段教师编制供求矛盾及改革思路 [J]. 教育研究, 2018, 39 (8).

[55] 吴宏超. 我国义务教育供求矛盾的转变与应对 [J]. 教育与经济, 2008 (1).

[56] 谢倩, 李阳, 胡扬名. 学龄人口预测与义务教育资源需求分析: 基于省域视角并以湖南省为例 [J]. 湖南农业大学学报 (社会科学版), 2018, 19 (2).

[57] 谢永飞, 马艳青, 程剑波, 等. 全面实施二孩政策对人口、教育发展的影响: 以江西省为例 [J]. 社科纵横, 2020, 35 (3).

[58] 杨舸. 新中国成立以来的人口政策与人口转变 [J]. 北京工业大学学报 (社会科学版), 2019 (1).

[59] 杨垣国. 历史地看待新中国成立以来的人口政策及其演变 [J]. 江西社会科学, 2009 (1).

[60] 原新. 我国生育政策演进与人口均衡发展: 从独生子女政策到全面二孩政策的思考 [J]. 人口学刊, 2016, 38 (5).

[61] 张纯元. 中国人口生育政策的演变历程 [J]. 市场与人口分析, 2000 (1).

[62] 张淑满, 张娟娟. 人口政策视角下我国学前教育资源供需状况与优化策略探析 [J]. 广西科技师范学院学报, 2021, 36 (2).

[63] 张莹莹. 全面二孩政策对中国生育水平的影响: 基于多项

Logistic 模型的探讨［J］.西北人口，2018（3）.

［64］张越，陈丹.新中国70年的人口政策变迁与当代人口发展［J］.宏观经济管理，2020（5）.

［65］郑楚楚，姜勇，王洁，等.公办学前教育资源区域配置的空间特征与均衡程度分析［J］.学前教育研究，2017（2）.

［66］郑益乐，史文秀."全面二孩"背景下区域学前教育资源供需格局及其应对［J］.教育科学，2019，35（2）.

［67］郑益乐."全面二孩"政策对我国学前教育资源供给的影响及建议：兼论我国学前教育资源供给的现状与前景展望［J］.教育科学，2016（6）.

［68］周娅娜，曾益."全面二孩"政策背景下中国义务教育财政支出的动态模拟［J］.兰州学刊，2019（6）.

［69］KARMEL P. Notes on Equality of Opportunity：A Postscript to "Quality and Equality in Education"［J］. Australian Journal of Education，1987，31（3）.

［70］SATIS C，DEVKOTA，MUKTI P，et al. Upadhyay. How does education inequality respond to policy? A method and application to survey data from Albania and Nepal［J］. Journal of Economic Studies，2016，43（2）.

［71］SMITH，WALKER D. Who Gets an Early Education? Family Income and the Enrollment of Three-to Five-Year-Olds From 1968 to 2000.［J］. Childhood Education，2006，82（3）.

三、学位论文

［72］高孝品.城乡融合背景下家长学前教育需求研究［D］.金华：浙江师范大学，2017.

［73］谷峥霖.云南学前教育资源配置的空间协调性研究［D］.昆明：云南师范大学，2021.

［74］李玄．北京市基础学龄人口预测及教育资源需求分析［D］.北京：首都经济贸易大学，2016.

［75］马永霞．高等教育供求主体利益冲突与整合［D］.武汉：华中师范大学，2005.

［76］石贤贤．北京市学龄前人口发展趋势预测及学前教育资源需求分析［D］.北京：首都经济贸易大学，2020.

［77］宋佩锋．人口预测方法比较研究［D］.合肥：安徽大学，2013.

［78］孙绪华．江苏省学前教育资源配置失衡现状及对策研究［D］.南京：南京师范大学，2013.

［79］岳梦雅．透过区域教育资源配置审视学前教育公平问题［D］.上海：华东师范大学，2015.

四、网络资源

北京市人民政府．北京市中长期教育改革和发展规划纲要（2010—2020 年）［EB/OL］.（2013-09-10）. https：//laws. ict. edu. cn/laws/gangyao/n20130910_ 5055. shtml.

北京统计年鉴 2020［EB/OL］.（2020-9-30）. http：//nj. tjj. beijing. gov. cn/nj/main/2020-tjnj/zk/indexch. htm.

广州市统计局．2020 年广州统计年鉴［EB/OL］.（2020-10-9）. https：//lwzb. gzstats. gov. cn：20001/datav/admin/home/www_ nj/.

国家统计局．中国 2011 年国民经济和社会发展统计公报［EB/OL］.（2012-2-22）. http：//www. tjcn. org/tjgb/00zg/23540. html.

国家统计局．中国 2015 年国民经济和社会发展统计公报［EB/OL］.（2016-3-2）. http：//www. tjcn. org/tjgb/00zg/30834. html.

国家统计局．中国 2016 年国民经济和社会发展统计公报［EB/OL］.（2017-3-6）. http：//www. tjcn. org/tjgb/00zg/30830. html，.

国家统计局．中国 2017 年国民经济和社会发展统计公报［EB/OL］.（2018-2-28）. http：//www. tjcn. org/tjgb/00zg/35328. html.

国家统计局. 中国 2018 年国民经济和社会发展统计公报 [EB/OL]. (2019-3-10). http：//www. tjcn. org/tjgb/00zg/35758. html.

国务院. 关于调整城市规模划分标准的通知 [EB/OL]. (2014-10-29). http：//www. gov. cn/zhengce/content/2014-11/20/content_ 9225. htm.

教育部. 教育部关于印发《幼儿园教职工匹配标准（暂行）》的通知 [EB/OL]. (2013-1-15). http：//www. moe. gov. cn/srcsite/A10/s7151/201301/t20130115_ 147148. html.

教育部. 教育部关于印发《幼儿园教职工匹配标准（暂行）》的通知 [EB/OL]. (2013-1-15). http：//www. moe. gov. cn/srcsite/A10/s7151/201301/t20130115_ 147148. html.

全国人大常委会. 中华人民共和国人口与计划生育法（修正案） [EB/OL]. (2015-12-27). http：//www. npc. gov. cn/wxzl/gongbao.

上海市教育委员会等 12 部门. 上海市学前教育三年行动计划（2019—2021 年）[EB/OL]. (2019-11-8). http：//edu. sh. gov. cn/html/article/201911/103622. html.

后 记

2005 年，我有幸跟随导师庞丽娟教授初涉学前教育政策研究领域，作为正式成员参与由庞老师主持的一项有关国际学前教育立法的教育部重点委托课题，以此为契机，此后的 10 余年间我便与学前教育政策研究结下了不解之缘。近 10 年来，我持续关注生育政策调整对适龄儿童人口规模与学前教育需求变动的影响，先后获批主持一项国家级课题、三项省部级课题，此书便是该研究历程中的阶段性成果之一。

全书由沙莉提出撰写提纲；第一章由沙莉负责，第二、三章由沙莉、魏星负责，第四章由魏星、沙莉负责，第五章由梁宏、沙莉负责，第六章由沙莉负责；最后由沙莉、魏星负责统稿。首都师范大学学前教育学院梁雅雯、任怡蕾、杨津津、席颖超不同程度参与了部分课题研究工作，杨津津、席颖超、韩旭、高强参与了书稿校对等基础性工作，此书顺利付梓与其努力付出密不可分！中国人民大学人口与发展研究中心陈卫教授，在研究过程中给予了中肯建议与热情支持，在此表示由衷感谢！在本书撰写过程中，我们参考并引用了有关专家学者的研究成果，光明日报出版社的工作人员为本书出版付出了辛勤努力，在此一并表示诚挚的谢意！

本研究的主体内容在早前一段时间业已完成，但由于新冠疫情以及本人和家人身体原因，书稿进度受到影响，恰好在这段时间内，国家生育政策又有进一步新的调整，由"全面二孩"迈向"三孩"时代，在此书即将付梓之际，人口普查数据也有了更新，"七普"数据已正式发布，因此成为本书的遗憾与不足之一，未能基于最新人口普查数据及时回应国家最新生育政策。当然，这也成为我及团队成员接下来的研究目标与动力，未来我们将运用"七普"数据，基于"三孩"政策背景，扩大研究视域，尝试不仅对幼儿园而且对托育机构的保教需求做出预测性分析，以促进我国0~6岁托幼公共服务的科学统筹发展。

鉴于笔者水平所限，也许书中尚有错误与疏漏，恳请各位学界同仁与读者朋友不吝指正，提出宝贵意见与建议，希望本书能够为促进我国学前教育事业的科学规划与健康发展提供一些有益参考。

沙莉

2022 年 10 月 16 日